隋唐五代卷

◎俞钢　范荧　主编

中国历史悬疑系列

上海辞书出版社

图书在版编目(CIP)数据

中国历史悬疑系列·隋唐五代卷/俞钢,范荧主编.
—上海:上海辞书出版社,2016.5
ISBN 978-7-5326-4587-9

Ⅰ.①中… Ⅱ.①俞…②范… Ⅲ.①中国历史-隋唐时代-通俗读物②中国历史-五代十国时期-通俗读物
Ⅳ.①K209

中国版本图书馆CIP数据核字(2016)第081448号

中国历史悬疑系列·隋唐五代卷
俞钢 范荧 主编
责任编辑/刘琼 封面设计/汪溪

上海世纪出版股份有限公司
辞书出版社出版
200040 上海市陕西北路457号 www.cishu.com.cn
上海世纪出版股份有限公司发行中心发行
200001 上海市福建中路193号 www.ewen.co
浙江省临安市曙光印务有限公司印刷

开本890毫米×1240毫米 1/32 印张8.75 插页1 字数185 000
2016年5月第1版 2016年5月第1次印刷

ISBN 978-7-5326-4587-9/K·1028
定价:30.00元

本书如有质量问题,请与承印厂质量科联系。T:0571—63783589

出版说明

《中国历史之谜》是已故李培栋先生主持的一个出版项目，自 1996 年出版以来深受广大读者欢迎。2003 年又先后出版了《中国历史之谜》（修订本）与《中国历史之谜·续编》，继续得到了读者朋友的支持。

2013 年之后，我社根据图书市场需求，对《中国历史之谜》及修订本、续编和《中国文物之谜》等书进行梳理，按照朝代顺序，增补和删除部分篇目，并吸收历史学、考古学等学科的最新研究成果，最终整合为成规模的一套中国历史悬疑系列丛书，分为先秦卷、秦汉魏晋南北朝卷、隋唐五代卷、宋元卷和明清卷，整体推出。

特此感谢《中国历史之谜》的作者王廷洽、曾维华、俞钢、范荧、吴松弟、曹朔、邵雍、顾汉松、俞如云、恽菊珍、张莉、谢宝耿、丁光勋、董淮平、吴强华、沈逸波等，以及改写者范荧、俞钢、曹朔，《中国历史之谜·续编》的作者范荧，《中国文物之谜》的作者王俪阎。本套丛书在编辑出版过程中，得到主编俞钢与范荧的鼎力支持，王燕华参与了本卷的选编，在此一并表示谢意。由于编辑时间仓促，书中难免存在一些瑕疵，敬请读者批评指正。

上海辞书出版社

2015 年 11 月

出版说明

目　录

隋朝得名之疑

北周大定元年（581），北周丞相杨坚称帝，建立了隋朝。然而，这个新王朝为何定名“隋”，颇令历代史家疑惑，于是产生了几种不同的看法。流行的观点以《隋书》《北史》为代表，认为杨坚之父杨忠曾被北周晋爵为“隋国公”，杨坚袭其爵位，称帝时以“隋”为国名，是合乎情理的。另一种观点以《周书》为代表，认为杨忠受封的爵位是“随国公”，并非“隋国公”，杨坚袭父爵为“随国公”，又进封为“随王”，直至北周大定元年以此称尊号，故国名本应作“随”。还有一种观点以宋元之际人胡三省《资治通鉴音注》为代表，认为杨坚袭父爵位，确实为“随国公”，称帝时改的国名也应为“随”。之所以“随”字换“隋”字，主要原因是杨坚以北周、北齐不遑宁处，恶“随”字带“走”不吉利，才在称帝后将国名“随”改为“隋”。

隋文帝死因之谜

隋文帝杨坚是隋朝的建立者，他结束了南北朝分裂局面，统一了中国，又实行改革，励精图治，使国家仓储丰实，出现一派兴旺景象。他生活节俭，体恤百姓，裁减冗官；又开创了科举制度，打破了门阀士族垄断官场的局面，这是中国历史的一大进步。

隋文帝在位二十四年，于仁寿四年（604）猝死于仁寿宫，终年六十四岁。历史上盛传，他的死是隋炀帝杨广造成的。多年来，弑父篡位一直是被称为暴君的隋炀帝的第一大罪状，这当然也是有史料依据的。

杨广是隋文帝的次子，原封为晋王。他工于心计，耍尽手腕博得父皇和母后独孤氏的欢心，又使他们怀疑太子杨勇有抢班夺位的动机，终于使文帝废掉杨勇，立他为太子。四年后，隋文帝去仁寿宫，却在那里患病卧床。杨广迫不及待地写信给权臣杨素，询问如何处理父亲后事，杨素的回信却落到文帝手中。杨广又恰在此时调戏文帝的宠姬陈夫人，被文帝察觉，于是文帝大怒。《隋书·杨素传》记此事说："时皇太子入居大宝殿，虑上有不讳，须豫防拟，乃手自为书，封出问素。素录出事状以报太子。宫人误送上所，上览而大恚。所宠陈贵人，又言太子无礼。上遂发怒，欲召庶人勇。太子谋之于素，素矫诏追东宫兵士帖上台宿卫，门禁出入……又令张衡侍疾。上以此日崩，由是颇有异论。”杨广即位后，张衡一度受恩宠“莫与为比”，但几年后又以谤讪朝政而赐死于家。据《隋书·张衡传》记，张衡临死前说：“我为人作何物事，而望久活！”监刑者吓得赶快堵住耳朵，催促快下手。这里，似乎隐隐约约地暗示了张衡是死于隋炀帝的杀人灭口。

正史如此记载，野史就更加直截了当了。赵毅的《大业略记》如此记：“……高祖（文帝）大怒，啮指出血，召兵部尚书柳述、黄门侍郎元岩等令发诏追庶人勇，即令废立。帝（炀帝）事迫，招左仆射杨素、左庶子张衡进毒药。帝简骁健官奴三十人皆服妇人之服，衣下置杖，立于门巷之间，以为之卫。素等既入，而高祖暴崩。”马总的《通历》更把谋杀情状记载得十分清楚：“上有疾，于仁寿殿与百僚辞诀，并握手歔欷。是时唯太子及陈宣华夫人侍疾，太子无礼，宣华诉之。帝怒曰：‘死狗，那可付后事！’遽令召勇，杨素秘不宣，乃屏左右，令张衡入拉帝，血溅屏风，冤痛之声闻于外，崩。”

上述史料唯有《大业略记》直接点明了是隋炀帝指挥了谋杀，因此，有学者认为这是一条孤证，不太可靠。他们分析说：

第一，隋文帝当年正月到仁寿宫，四月得病，七月初十病危，十三日驾崩，其间的情况基本正常。他留下的遗诏说：“今恶子孙已为百姓黜屏，好子孙足堪负荷大业……皇太子广，地居上嗣，仁孝著闻，以其行业，堪成朕志。”为杨广说了许多好话。他还交代了自己发病的原因是耽于女色，伤了身体，悔憾地说：“使皇后在，吾不及此。”因此，隋文帝生前病后的情况无异于常，杨广继位只是旦夕之间的事，根本不需要再去冒天下之大不韪，弑父夺位。

其二，杨坚和杨广父子关系一直很好，杨坚看中杨广“堪成朕志”，不惜废掉太子，重立储君。杨广又似乎对开创了大隋王朝的父皇始终保持了敬爱之心，宫内一直存放着杨坚的衣冠，四时致祭。父亲死后很多年，他还常常触景生情，不胜伤感，流涕呜咽，把左右都感动得潸然泪下。这份感情与弑父的歹毒似乎很难协调。

其三，宣华夫人陈氏是陈宣帝晚年所生的女儿，早在仁寿宫之变前四五年，已与杨广有了交往，还为杨广谋太子位出过力。按北方游牧民族风俗，儿子有义务继娶亡父妻妾，在杨广这样有游牧民族血统（独孤氏为匈奴屠各部后裔）的家庭，太子与父皇的嫔妃间发生些苟且之事也不足为怪，以后唐高宗不也继娶了父亲的才人武则天吗？为自身计，宣华夫人犯不着对行将就木的老皇上一表忠贞，而对太子撕破脸皮。因此，所谓太子施暴、宣华反抗之事，似乎也不太可能。结论是：隋炀帝很可能是被人泼了污水的牺牲品。

上述三点不能说毫无道理，然而，即便隋文帝本已病入膏肓、杨坚和杨广父子情深、宣华不可能告发杨广这几条理由均能成立，但仍不能排除突发因素：杨广给杨素的信在隋文帝看来，简直是咒自己早死和急不可待地要夺皇位，他在盛怒之下要更换太子，这当然是杨广所不能接受的。与其被废成为俎上鱼肉，还不如一手遮天，彻底控制局势，因此，尽管可能是张衡在杨素的指挥下戕害了隋文帝，但杨广总是难逃干系的。

隋炀帝弑父之说已是千古流传，要想彻底否定还有待于更多的史料来论证。

进士科创置于何时

进士科是中国古代科举选官的科目，长期以来被视为科举制度产生的标志，引起人们的研究兴趣。那么，进士科究竟创置于何时呢？

一、隋文帝开皇说。两唐书都提到唐初宰相房玄龄十八岁举进士的事。《旧唐书·房玄龄传》曰：“房乔，字玄龄……年十八，本州举进士……寻薨，年七十。”《新唐书·房玄龄传》曰：“年十八，举进士……薨年七十一。”参证房玄龄的墓碑，也有类似记载。《金石萃编·房玄龄碑》云：“公讳玄龄……年十有八，俯从宾贡。”既然史传和墓碑的记载相同，那么房玄龄年十八举进士，当是可信的。按房玄龄卒于贞观二十二年（648），两唐书和《资治通鉴》等史书记载相同，则以《旧唐书·房玄龄传》所载终年七十岁上推，房玄龄十八岁时为隋文帝开皇十六年（596）；以《新唐书·房玄龄传》所载终年七十一岁上推，房玄龄十八岁时应为开皇十五年。也就是说，开皇十五年或十六年房玄龄登进士第，此时进士科必定已出现。

作为旁证，《旧唐书·房玄龄传》所言“本州举进士”一语，值得注意。我们知道，开皇三年隋文帝在地方行政组织中裁省了郡这一级，实行州县两级制。炀帝改州为郡，实行郡县两级制。由于不同时期地方行政组织的名称不一，炀帝时不能用“州举”，文帝开皇三年以后也绝对不能用“郡举”，故房玄龄为“州举”的进士，恰好证实进士科在隋文帝时就已经出现。

二、炀帝大业说。最早提出进士科创立于隋炀帝时期的人，要数唐人薛登。他在武则天天授中（690—692）任左补阙时，曾上疏要求革除选举弊病，疏文提到：“炀帝嗣兴，又变前法，置进士等科。”此后，刘肃《大唐新语》曰：“隋炀帝改置明、进二科。”杜佑《通典》曰：“炀帝始建进士科。”王定保《唐摭言》曰：“进士，隋大业中所置也，如侯君素、孙伏伽皆隋之进士也明矣。”这些史料都说隋炀帝大业时创立进士科，应当是可靠的。当代有学者据此进一步指出，隋炀帝定十科举人，其中有“文才秀美”一科，当即是进士科。炀帝本人是文学家，创立进士科，以考诗赋为主，是不足为奇的。

三、唐朝说。此说认为，两唐书有关房玄龄是隋朝进士的记载，源出《房玄龄碑》，把碑文中“俯从宾贡”看作赴“贡举”，又转而解释为“举进士”，并不正确，故史言房玄龄十八岁举进士是不可靠的。尽管薛登最早提出进士科始创于隋朝，但遍检自隋炀帝到薛登时的大量文献，尚未发现能证明隋有进士科的资料，薛登之说看来是个孤证。薛登以后主张“大业说”者所言，没有一个超出薛登已经说过的范围，完全有可能是沿袭薛登之说。进士科的确以考诗赋为主，但这是盛唐间的事，故拿隋炀帝爱好诗赋来推断他首创进士科，自然不能成立。再考侯君素为隋之秀才而非进士，孙伏伽为唐高祖武德时的进士而非隋之进士，因此所谓隋朝有进士的说法，应予否定。

历代主张进士科创立于唐朝的人也不少。唐德宗时校书郎赵傪在

《登科记序》中云："武德五年（622），诏有司特以进士为选士之目，仍古道也。"(《玉海》卷一一五《唐进士举》）武宗时宰相李德裕云："李唐御统，艰阙制度，立进士之科，正名也；行辞赋之选，从时也。"僖宗时进士苏鹗云："武德四年，复置秀才、进士两科，秀才试策，进士试诗赋，其后秀才合为进士一科。"明代朱国祯也曰："进士科起于唐，其数至少，沿于宋至多，亦无定期。"可见，把进士科的初创时间确定在唐朝更合适。

虽然"唐朝说"是在研究了前两说的基础上提出的，但也并非无懈可击。一些学者认为，薛登之说并非孤证，唐高祖武德四年的敕令说："诸州学士及早有明经及秀才、俊士、进士，明于理体，为乡里所称者，委本县考试，州长重覆，取其合格，每年十月随物入贡。斯我唐贡士之始也。"所谓"早有明经及秀才、俊士、进士"，就是先前已有的修明经、秀才、俊士、进士业的人，由于在此以前唐朝尚未举行科举，而在整个南北朝也未出现"进士"的称谓，可知修进士业者是在隋代出现的，既然隋代有修进士业的人，必定已经有了进士科。如此看来，最早承认进士科创置于隋朝的人，恐怕要数唐高祖。又从史料渊源看，两唐书的《房玄龄传》并未采用《房玄龄碑》，故说房玄龄十八岁举进士，是从碑文"年十有八，俯从宾贡"而来，显然缺乏根据，"宾贡"也应理解为包括诸科举人。至于隋朝进士，除了侯君素可排除外，其他如孙伏伽等为隋进士，似还不宜推测为子虚乌有。

冼夫人姓氏之疑

冼夫人，高凉郡（今广东阳江西）人，是6世纪我国越族杰出的女领袖，以善谋、勇敢著称。梁大同元年（535），冼夫人与罗州刺史冯融之子冯宝喜结良缘，她一生坚持与汉族团结友爱，保障地方秩序安定，被尊称为圣母，隋文帝时册封为谯国夫人。然而，冼夫人究竟是姓冼，还是姓洗，却是一个问题。

● 冼夫人（《无双谱》）

一种观点认为，冼夫人之冼，应从水旁作洗。《隋书·列女传》曰："谯国夫人者，高凉洗氏之女也。"司马光《资治通鉴》也作洗夫人。再考《说文解字》和《唐韵》等书，均无冼字，只有洗字，故冼夫人之姓是属于以地为氏，应从水旁作洗。

另一种观点，以冼玉清《冼夫人非姓洗》一文为代表，认为冼姓是广东越族特有之姓，以方言为姓氏而形成，其特殊读音就是读“铣”，上声，其特殊意义只作姓氏用，除此并无其他用处。只因为冼字是局部地区的方言字，全国不通用，才造成一些音韵书不收，致使历代史家改冼姓为洗姓，以附会中原大族。各地以冼作姓的具体例证是：一、北京国子监有明代进士题名勒石，自弘治至万历，冼族举进士者四人，石刻冼字均从“冫”旁，八画。二、冼姓在粤将近二千年历史，各房祠堂匾额以及墓志碑铭，同样无不从“冫”旁。三、冼夫人故乡的冼氏族人，姓氏也都从“冫”旁，可见冼夫人并非姓洗，而是姓冼。

迷楼究竟建在何处

晚唐文人韩偓写过一篇《炀帝迷楼记》，着墨描绘了隋炀帝所建迷楼的富丽奢华以及它的兴盛衰败。据记载，迷楼中千门万牖，上下金碧；幽房雅室，曲屋自通。步入迷楼，令人意夺神飞，不知所往，有误入者，终日不能出。隋炀帝游迷楼后云："使真仙游其中，亦当自迷也，可目之曰迷楼。"迷楼由此得名，闻名天下，成了历代文人墨客创作的题材。然而，这座迷人的迷楼，究竟建在何处呢？历来有两种不同的说法。

一说，现扬州市北郊蜀冈东峦观音寺中的鉴楼，就是隋炀帝所建迷楼的遗址。隋炀帝即位前，曾任扬州总管，滞居江都（今江苏扬州）十年，对江都的繁盛赞叹不已。他继位后，依然十分留恋江都的生活，于是下令开凿大运河，先后三次南下巡幸，所谓"我梦江都好，征辽亦偶然"。既然江都如此吸引隋炀帝，在那里大兴土木，建造一座专供自己游玩的迷楼，是完全可能的。

隋炀帝曾在江都建过一座文选楼，即今扬州旌忠寺。唐朝颜师古《大业拾遗记》中说："帝尝幸昭明文选楼，车驾未至，先命宫娥数千人升楼迎侍。微风东来，宫娥衣被风绰，直泊肩项，帝睹之，色荒愈炽，因此乃建迷楼。"隋炀帝由文选楼而建迷楼，当在情理之中。又据

● 隋炀帝（《绘图绣像隋唐演义》）

文献记载，荒暴的隋炀帝，是在江都被禁军将领宇文化及等用丝带勒杀的，死后就葬于江都雷塘，位于今扬州城北。唐诗人杜牧说：“炀帝雷塘土，迷藏有旧楼。”指出迷楼是紧靠雷塘的。

隋唐以后的文人，以迷楼为题材，创作了许多诗文。唐人李绅在《宿扬州》中云：“今日市朝风俗变，不须开口问迷楼。”包何在《同诸公寻李芳直不遇》中吟道：“闻说到扬州，吹箫忆旧游。人来多不见，莫是上迷楼。”清代李斗的《扬州画舫录》也有描述：“扬州好，池馆昔繁华，烟雨迷楼巢燕子，春风隋苑种桃花。”可见，古代文人赞誉扬州繁华景象的诗文，都要提及醉人的迷楼，隋炀帝所建迷楼，应当在扬州。

又宋代贾似道曾在扬州蜀冈东岸建摘星楼，明代改称鉴楼。清朝嘉庆《重修扬州府志》云：“摘星楼在城西七里观音阁之东阜，即迷楼故址。”而乾隆《甘泉县志》却说，观音山寺“即古摘星亭址，俗传为隋迷楼故址者讹也”。由于扬州地方志记载迷楼事如此自相抵牾，故也有理由怀疑迷楼在扬州的说法。

一说，隋炀帝所建迷楼在都城长安（今陕西西安）。尽管韩偓的《炀帝迷楼记》记叙迷楼当年景象非常详细，但考查通篇文字，并未提及扬州，反而意在长安，甚至说：“唐帝提兵，号令入京，见迷楼，太宗曰：‘此皆民膏血所为。’乃命焚之。”这样看来，迷楼似应在长安，焚毁于唐太宗率兵进入长安之时。

仅存隋代名画《游春图》出自何人手笔

北京故宫博物院中，有一幅展子虔《游春图》卷，被美术界誉为中国最早的山水画卷。

展子虔，渤海（治今山东阳信西南）人，历北齐、北周，入隋任朝散大夫、帐内都督等职。他是周末隋初具有重大影响的画家，善画人物、车马、山水、台阁及道释，笔下景物，不但状貌形似，且画外有情。与东晋南朝名画家顾恺之、陆探微、张僧繇等齐名，被推为“唐画之祖”。北宋《宣和画谱》评其山水画称：“写江山远近之势尤工，故有咫尺有千里趣。”据记载，他还作过不少壁画，只是这些壁画托身建筑，在漫漫岁月长河中，因楼倾阁坍而了无痕迹了。因此，这幅被视为展子虔唯一流传下来的作品，更为弥足珍贵。

《游春图》绢本设色，纵 34 厘米，横 80.5 厘米，是一幅以描绘自然景色为主的青绿山水画。图中坡岗起伏，峰岭高耸，湖水波光潋滟，树木青翠欲滴。在一派春光明媚的气息中，人们或骑马行进山中，或荡舟水上，尽情享受着自然。此卷在构图上以山水为主体，人物为景点，采用了纯山水画的手法处理画面，将各种物象的大小比例、远近关系、前后层次和空间距离等处理得较为合理，摆脱了魏晋时山水画或“水不容泛”或“人大于山”的布局方式，以及把山水作为人物点缀的处理手法，使画面的空间感明显加强，体现了隋代山水画臻于成熟一面。另一方面，它同时保持了一些早期山水的古拙风貌，如山石树木先细勾轮廓，再填色彩，平涂兼晕染而少皴擦；树形仍为“伸臂布指”之状等。明代鉴藏家詹景凤认为：“此（《游春图》）殆始开青绿山水之源，似精而笔实草草，大抵涉于拙，未入于巧，盖创体而未大就其时也。”

由于此画反映了早期山水画风格面貌，被誉为中国绘画发展史上具有划时代意义的伟大作品。

此卷无作者款印，卷前有宋徽宗赵佶瘦金体题签“隋展子虔游春图”，后有元冯子振、赵岩、张珪，明董其昌，清乾隆皇帝等题跋；钤有宣和内府诸玺、“皇姊图书”、清内府以及明清诸家鉴藏印。《云烟过眼录》《铁网珊瑚》《清河书画舫》《墨缘汇观》《石渠宝笈续编》等予以著录。

也许因为《游春图》的风格与隋画一致，或画上宋徽宗题款为历代收藏家认同……总之，这幅无作者名款的早期山水画，一直被认为是展子虔真迹受到格外珍惜，先后经北宋宣和内府，南宋胡存斋、张子有、贾似道，元鲁国大长公主祥哥拉吉，明内府、严嵩、韩世能、张诞嘉，清梁清标、安岐、乾隆内府收藏，比较顺利地传承下来，用书画鉴定术语来说，是“屡见著录，流传有绪”。

民国年间，《游春图》经历了一场磨难。清废帝溥仪携此画出宫，藏于长春伪皇宫内。抗战胜利后，《游春图》流落东北民间，后被北京琉璃厂玉池山房等几家同行业所得，开价二十条黄金（时值赤足金二百两，远远超出已成交的任何作品的价码）。画家张大千闻讯专程从上海飞北京，想凭与琉璃厂的宿交，讲讲价，未能如愿。当时，日本等国商人也纷至沓来。此时，鉴藏家张伯驹变卖了家产，又举债凑足购画款，才使《游春图》免于流失海外。新中国成立后，张先生将《游春图》无偿捐献国家。

近年，随着专家学者对古代书画研究的深入，不少人从细节上发现了前人没有发现的问题，从而引发了对画的真伪、年代等的再探讨。

关于《游春图》的时代问题和定名问题，现在主要有几种说法。

有人认为，图中建筑物的装饰细部并非隋代建筑式样，而是初唐风格，故此画很可能出自中晚唐画家之手，确切地说，是出自中唐李思训父子一派之手；根据画法之古朴特点来看，此画还应该是隋代画家原稿的临摹品。

1978 年，傅熹年在《文物》第十一期发表《关于展子虔〈游春图〉年代的探讨》一文，对《游春图》的年代问题进行了深入探讨，从文献记载、画中人物的幞头、建筑物斗拱、鸱尾的形制着手，论证《游春图》是北宋复制品，且可能是徽宗画院的复制品。傅先生认为，从元周密《云烟过眼录》中“展子虔《游春图》，今归曹和尚，或以为不真”的评论，可以推出周密此言有三层意思：即此画不是展子虔亲笔；不是展子虔作品的传摹品（宋元人通常把有根据的传摹品划入真品范围）；不是隋代作品。但时至今日，由于没有展子虔作品可资参照，前两种含义无法推断，只能研究此画是否隋代作品，这就要从画所表现的时代风格上加以分析。从《游春图》所绘人物所戴幞头

●《游春图》（局部）

“巾子直立，不分瓣，脑后二脚纤长，微弯，斜翘向外”的形象看，这种巾幞比较接近晚唐形制；画右角殿宇上的斗拱形式——补间铺作的挑出层次和外形轮廓与柱头铺作一样，是晚唐以后才出现的形式；殿宇鸱尾与宋徽宗赵佶《瑞鹤图》中的鸱尾相似，与《宋会要辑稿》和《营造法式》中所载情况也一致，具有典型北宋鸱尾特点。

张伯驹则对上述观点提出了不同意见。他在《关于展子虔〈游春图〉年代的一点浅见》一文中指出：“幞头：在一时代之中，冠中有多种样式，视其人之身份而异……《游春图》之人物，则属于山水画之人物，只是点写，著录中亦云人马如豆，不能专画冠服”；“建筑：在一时代之中，江河流域，东西南北，各有不同形式之建筑，城市与农乡与山林，亦有不同……《游春图》之地区，是在江南，还是在中原，疑莫能决，且又非山水界画，以描绘完整壁画之建筑，来作仅盈寸之建筑比拟，以为画非隋画之佐证，仍可存疑”；“《江帆楼阁图》与《游春图》同出于晚唐底本而传摹复制的，这个底本的原本是否为隋画，按传摹复制应当传真逼似，何必要掺入古代画法形象？……是画之发展已将成就时期，只能说展子虔向李思训发展，不能说李思训向展子虔发展，先后倒置，以《江帆楼阁图》来作《游春图》非隋画之佐证，似亦可商”。此外，张先生又从历代宫廷藏画、古书画之鉴定等角度进一步阐述了《游春图》应为展子虔作品的观点。

● 《游春图》（局部）

此外，还有人以为《游春图》是《宣和画谱》中著录的《挟弹游骑图》。

不论哪种说法最终被证实是确切的，都不会影响《游春图》在中国山水画史上的地位，它体现了隋代山水画的基本风貌；更何况《游春图》还依然被认为是仅存的隋代卷轴画呢。书画鉴赏家杨仁恺评价《游春图》说：“它成为唐代山水画的先河，作为我国文化艺术宝库中的一颗明珠，光芒四射！在绘画史上的重要性可想而知。”这也是当前大部分学者的观点。

女儿国究竟是否存在

在《西游记》中，记载了一个神秘的西梁女国，那里的国民都是女性，繁衍后代靠的是喝子母河的水，因此看到唐僧一行，喜出望外，不惜让出王位。在《镜花缘》中也有一个女儿国，那里有男有女，只是男子涂脂抹粉，穿针引线；女子却出将入相，发号施令，害得林之洋差点成了“贵妃娘娘”。民间传说中有关女儿国的奇异描写就更多了，不仅中国，世界各地都有类似的传说。女儿国究竟是否存在？这是个很有趣味的谜。

中国古籍中关于女儿国的记载还不少。《梁书·东夷传》：“扶桑东千余里有女国，容貌端正，色甚洁白，身体有毛，发长委地。至二三月竞入水，则妊娠，六七月产子。女人胸前无乳，项后生毛，根白。毛中有汁，以乳子。一百日能行，三四年则成人矣。见人惊避，偏畏丈夫。”这段记载被李汝珍的《镜花缘》引用，成为多九公口中的“女子国”。它对人的描写十分怪诞，或许掺入了不少臆测的成分。

● 玄奘
篆刻　郑英旻

《隋书》卷八十三中也记载了一个“女

国”：“女国，在葱岭之南，其国代以女为王……国内丈夫唯以征伐为务……王居九层之楼，侍女数百人……其俗贵妇人，轻丈夫，而性不妒忌。男女皆以彩色涂面，一日之中，或数度变改之。”隋开皇六年（586），这个女国还派遣使节朝贡。据说，唐玄奘到西天取经时曾经过这个女国。

另外，唐玄奘在《大唐西域记》中记了一段传闻：“拂懔国西南海岛有西女国，皆是女人，略无男子。多诸珍宝货，附拂懔国故拂懔王岁遣丈夫配焉，其俗产男皆不举也。”拂懔，又称拂菻，即东罗马帝国。

从上述记载看，所谓女儿国有两类，一种是纯阴无阳的，即多九公所说的“女子国”；一种是男女共存但以女人为尊治国的。后者，学者们分析，是母系氏族社会的残留现象，如唐玄奘上西天取经时经过的女国。他们当时尚处母系氏族社会残留阶段，所以会有重女轻男、以女性为王的现象。人们也认为，《镜花缘》中大肆渲染女儿国，实际是对中国封建社会男尊女卑现象的抨击。

那么，纯阴无阳的女儿国，即《梁书》中所记“扶桑东千余里”的女国，又该如何解释呢？

据说，古希腊英雄亚历山大东征印度时曾路过一个叫“阿马松”的国家，居民全是女性。她们的形象奇特，两个乳房大小不一，一只为女性的，一只为男性的。在她们的附近有个男国，女国的居民每年与男国的居民相会一次，同居三十天后，受孕者便留在那里分娩。所生若是男孩则留在男国，如是女孩就暂托付给养育者，母亲返回女国，十年后再去领回。当时，亚历山大对女国提出了种种非分的要求，被女国拒绝，就发动了对女国的进攻。但是，天降大雨，女国被掩藏在波涛水雾之中，怎么也找不到了。千百年来，人们一直讲述着这个传奇故事，也一直在寻找这个神秘莫测的国家。

到了13世纪，马可·波罗在他的《游记》中记述了一个女人国：沿印度洋向西有个克恩马可兰国，该国南部有两个海岛，一为男岛，一为女岛，相距三十里。每年三月，男子赴女岛，居住三个月，其余九个月就在男岛生产劳动，供养女岛。女子生下女孩就留在自己身边，若生男孩，则养到十四岁后送到男岛去。两岛和睦相处，其乐融融。马可·波罗认定，这就是传说中的“阿马松国”。

不仅希腊、中国有“女国”的传说，印度也有恒河两岸男女国分居的传闻，哥伦布在美洲也听说过印第安人有男、女岛，日本有“女人岛”的奇闻，《天方夜谭》中也描写了一个神乎其神的“女人王国”，南非内陆地区还存在着一个真正的“女人国”，我国西南少数民族聚居区，也有一个“女儿国”……这一切，似乎仍然可以追溯到遥远的人类童年——母系氏族社会，从中也可以看到人类社会从“只知其母，不知其父”到夫从妻居再到妻从夫居等婚姻形态的逐步转换。

袁立春认为，在中国历史上，确实存在过与女人国交往的史实。唐代樊绰在《蛮书》中提到“女王国”，说它曾打败过南诏国军队的进攻，并一直与中国保持着交往。《元史》也记载，至元二十四年到二十六年（1287—1290），这个“女人国”曾两次派使者到中国进行友好访问。看来，女人国的存在是不容置疑的了。至于与中国有“邦交”的女人国究竟是女人掌权的国家，还是纯阴无阳的女儿国，那就不得而知了。

● 女人国（《三才图会》）

扬州二十四桥之谜

晚唐诗人杜牧有一首名诗《寄扬州韩绰判官》："青山隐隐水迢迢，秋尽江南草未凋，二十四桥明月夜，玉人何处教吹箫?"从此，扬州二十四桥的美名不胫而走，但也留下了一个千古之谜，即：二十四桥到底是指扬州的哪一座桥？它位于扬州的何处？宋代以来，对此疑案一直是众说纷纭，大致有如下几说：

其一是"一座桥说"。确指二十四桥为一座桥的，首推宋代词人姜夔，他在《扬州慢·淮左名都》中写道："二十四桥仍在，波心荡，冷月无声。念桥边红药，年年知为谁生?"据此意境，二十四桥为一座桥无疑。韩琦也有诗曰："二十四桥千步柳，春风十里上珠帘。"赵公豫说得更明确："桥在大业间，今日已倾圮。"后来，明代的齐东野人编撰《隋炀帝艳史》，也谈到二十四桥，说隋炀帝与萧后一同去一座新桥赏月，炀帝见一起出游的有二十四位美人，就随口将新桥命名为二十四桥。这当然是小说家言，但反映了当时的文人一般愿意将二十四桥看作是一座桥。吴绮在《扬州鼓吹词·序》中说："出西郭二里许，有小桥，朱栏碧甃，题曰烟花夜月，相传为二十四桥旧址，盖本一桥，会集二十四美人于此，故名。"说明他不仅认同桥名出于美人之说，还确认了桥本一座的观点。李斗在《扬州画舫录》中虽然觉得美人之说是附会之词，但认为“廿四桥，即吴家砖桥，一名红药桥，在熙春台后”。也认定二十四桥为一座桥。

其二为“二十四座桥说”。这一看法最早由北宋科学家沈括提出，他在《梦溪笔谈·补笔谈》中，对扬州的二十四桥逐一进行了落实，详细记载了二十四桥的桥名和地理位置，影响颇大。但后世学者仔细分析原文，发现有两处困惑：一是沈括实际只列了二十三个桥名，且其中还有两座是同名的；二是唐代扬州城极负盛名的月明桥、禅智寺桥、红板桥、朱雀桥等，反而不列其中。因此，南宋的祝穆在《方舆胜览》中就推翻了沈括之说，认为扬州自隋代起就有二十四桥，各以城门坊市为名。但后来韩令坤筑州城，“分布阡陌，别立桥梁，所谓二十四桥者，或存或废不可得而考”。后人对沈括的“二十四座桥”理论异论也较多，大多认为，二十四桥出于文学作品中，不能太拘泥于现实，一座座去考证，甚至将城乡结合部的一些简陋的桥也算在其中，反而大煞风景了。

其三为“编号说”。中国人习惯给同一地区的同类事物编号，如中学有第一中学、第二中学；粮油店编号可达六七十号；至今上海西区还有三号桥、四号桥等。古代文人的诗文中也常常出现序数词，如杜甫就有“不识南塘路，今知第五桥”的诗句。因此，有人认为，二十四桥应是扬州城里编号为二十四的一座桥。其佐证是，姜夔在《过垂虹》中有“曲终过尽松陵路，回首烟波十四桥”；在《咏芍药》中又有“红桥二十四，总是行云处”等诗句，虽然，数字前并没有个“第”字，但仍能使人感到序数词的存在。只是，此说没有更多的证据，仅凭猜测，显然还不足以使人信服的。

其四为“泛指说”。古代文人对数字的概念常常持含糊、朦胧的关注方式，只要在诗文中能够恰当地表达出自己的意思，就不去追求确数。如“山道十八弯”“三百六十行”等，都不是确切的数字。杜牧又特别喜欢举数入诗，如“南朝四百八十寺，多少楼台烟雨中”，据史书记载，当时“都下佛寺，五百余所，穷极宏丽”，可见，这“四百八十”就是个约数。又如“十载飘然绳检外，罇前自献自为酬。秋山春雨闲吟处，倚遍江南寺寺楼”。杜牧年轻时在江南任职，首尾才八年，诗中所说十年，也是个约数。那么，杜牧笔下的二十四桥是否也是用了同样的手法，来泛指扬州的桥梁之多呢？

上述各说，已使二十四桥的真相扑朔迷离，然而，长期寓居于扬州的朱千华又提出新说：二十四桥极有可能是与之读音相似的“阿师桥”。

杜牧的诗篇前两句是描写白天的景致，一幅宁静悠远的水墨画，而后两句是晚景，描写一个远离市区的幽静之地，赏月的佳处，但这个地方又必须在城墙以内，否则，夜晚出城赏月，一旦城门关闭，就回不来了。由此可以推定，二十四桥在城内，并且应有其他的名字。而在沈括所列的桥名中，“阿师桥”的读音与“二十四桥”极为相似，很可能就是一回事。那么，杜牧为什么在诗中要将“阿师桥”变成“二十四桥”呢？朱先生认为，这可能是出于两个考虑：一是诗歌对句时的字数需要；二是用“二十四桥”代指，可以暗显扬州水城桥多水美的特点。此外，从地理位置看，阿师桥正好处在幽静的城内郊区，唐朝时，此桥位于城东，视野开阔，远离闹市，正是赏月的绝妙去处。

二十四桥的神秘面纱笼罩了千年，正在逐渐被揭开。20世纪八九十年代，扬州旅游部门已将二十四桥恢复“原貌”，石拱桥呈玉带状，长24米，宽2.4米，二十四根玉石栏杆围以两侧，采用的是桥名“二十四”之说。

● 瘦西湖二十四桥　摄影　王岳

“唐人”称呼由来的异说

老一代的海外华侨都自称是“唐人”，旧时海外各国也称中国人为“唐人”。《明史·外国传·真腊》曰：“唐人者，诸番呼华人之称也，凡海外诸国尽然。”可见这一称呼由来已久。直到今日，凡是华侨或中国血统的外籍人聚居的街或区，往往就被叫做“唐人街”。这是为什么呢？

一般认为，唐代，中国处于极盛时期，声誉远及海外。久之，海外各国就称中国人为唐人了。《辞海》等权威工具书都作如此解释。但也有不同的说法，清人王士禛在《池北偶谈》中说：“昔余在礼部，见四译进贡之使，或谓中国为汉人，或曰唐人。谓唐人者，如荷兰、暹罗诸国。盖自唐始通中国，故相沿云耳。”可见，称“唐人”是因为某些国家在唐朝才与中国建立邦交，他们只认识唐和唐以后的中国人。如此，则在汉代就与中国通使的国家就习惯于称中国人为“汉人”了。事实上，历史上外国人对中国人的称呼，不仅是“唐人”和“汉人”，还称过“秦人”“宋人”，甚至还有“明人”等。那么，为什么其他称呼都不用了，唯独“唐人”一词却一直沿用到今天？

较新的一种说法是：“唐”并不是指李唐王朝，而是指上古圣王尧帝。尧是传说中父系氏族社会后期的部落领袖，陶唐氏，名放勋，史称唐尧。他在位百年，天下大治。他知道自己的儿子不肖，经过三年的考察，将帝位禅让给虞舜。唐尧虞舜，是传说时代的贤明帝王，他们统治的时期，是中国最早的一次“太平盛世”。人们常常用“尧天舜日”来称颂太平岁月，又把太平岁月称作“尧年”，可见唐尧在中国人心目中地位之高。另外，“唐”字的本义是“荡也、广也、大也”，《玉篇》云：“尧称唐者，荡荡道德至大之貌。”《论语·泰伯》也说：“大哉！尧之为君也！巍巍乎！唯天之大，唯尧则之。荡荡乎！民无能名焉。”爱好和平的中国人，一向不喜欢动乱，因此，为自己有个“荡荡乎”广博的国家而骄傲。也正因为这样，他们自称“唐人”，意思就是“唐尧传下来的子孙”。这与中国人自称“炎黄子孙”的含义是一致的。

另外，上述观点还有一证：海外中国人习惯将中国称作“唐山”，这就是因为唐尧的封地在唐。《金史·地理志》曰：“唐山县有尧山，相传唐尧始封于此。”尧山，也就称为唐山。华侨们不仅把自己称作“唐人”，还把祖国称作“唐山”，这一方面是因为唐山是尧的封地，更重要的可能是，唐山象征着太平盛世的发祥地，他们愿意用这个发祥地来代表自己心目中的祖国。

此说虽是一家之言，但较之于传统说法，却似乎有着更为深刻的含义。

“唐人”“唐人街”，乃“唐朝”之“唐”抑或“唐尧”之“唐”？何时可确而知之呢？

谁是太原起兵的首谋者

隋炀帝大业十三年（617）五月，李氏集团发动太原兵变，走出了李唐灭隋自代的关键性一步。那么，这次事件的首谋者究竟是谁，长期以来说法各异，成了一个有争议的历史问题。

唐高祖（《三才图会》）

一、李世民说。《旧唐书·高祖纪》曰："太宗与晋阳令刘文静首谋，劝举义兵。"同书《太宗纪》曰："时隋祚已终，太宗潜图义举，每折节下士，推财养客，群盗大侠莫不愿效死力。"《新唐书·太宗纪》言："高祖起太原，非其本意，而事出太宗。"同书《高祖纪》言："高祖子世民知隋必亡，阴结豪杰，招纳亡命，与晋阳令刘文静谋举大事。计已决，而高祖未之知，欲以情告，惧不见听。"由此看来，两书记载是一致的，都认为唐太宗李世民精明强干，阴结豪杰，与晋阳令刘文静首谋起兵大计，故李世民是太原起兵的首谋者。

● 唐太宗

至于李世民之父唐高祖李渊，只是被动的受摆布者。据《资治通鉴》卷一八三记载，起兵前先是李世民与刘文静密谋，打算“乘虚入关，号令天下”，继而又使裴寂说服李渊，最后李渊才不得不说：“吾儿诚有此谋，事已如此，当复奈何，正须从之耳。”又说：“今日破家亡躯亦由汝，化家为国亦由汝。”史学名家范文澜《中国通史简编》评价李渊曰：“唐高祖爱好酒色，昏庸无能，只是凭借周、隋大贵族的身份，六一六年得为太原留守。他起兵取关中，建立唐朝，主要依靠唐太宗的谋略和战功，他本人并无创业的才干，连做个守成的中等君主也是不成的。”也就是说，太原起兵非出李渊本意，李渊遇事缺乏主见，无所作为，是在李世民的劝说下，才被迫走上反隋道路的。

二、李渊说。此说认为，李渊才是太原起兵的首谋者，他决不是昏庸无能的酒徒，而是颇具雄心、富于权谋的政治家和军事家。李渊起兵前，已是隋朝统治集团中的一位重要人物，《新唐书》和《资治通鉴》说，高祖“纵酒纳赂以自晦”。其实，他的“纵酒”是出于伪装策略，以消除隋炀帝的猜忌。

李渊早有叛隋的政治野心。据《旧唐书·宇文士及传》记载，早在晋阳起兵前四五年，李渊就与宇文士及在涿郡（治今北京）密论时事，武德二年（619）宇文士及降唐，李渊对裴寂说：“此人与我言天下事，至今已六七年矣，公辈皆在其后。”涿郡密论图隋大事时，李世民才十三四岁，从实际的政治、军事经验来说，都不可能左右久居高位的李渊。又依《大唐创业起居注》记载，李渊刚做太原留守，就暗暗自喜，对李世民说：“唐固吾国，太原即其地焉。今我来斯，是为天与；与而不取，祸将斯及。然历山飞不破，突厥不和，无以经邦济时也。”这充分表露了李渊以太原为地盘吞并天下的雄心壮志。事实也正如李渊所说的，李氏得到了江山，李渊坐上了大唐开国皇帝的宝座。

可是，一些古文献记载晋阳起兵事，为什么褒李世民而贬李渊呢？原来，唐初带有权威性的《国史》和《实录》，形成于玄武门之变以后，太宗朝的史家做了手脚，有意贬抑李渊在起兵中所起的作用，而把首义之功过多地归于李世民。《旧唐书》《新唐书》《资治通鉴》等后出的史书，不免因袭这种歪曲，故造成了史实的失真。

三、李氏父子说。此说认为，李渊、李世民父子实际上都有发动兵变的念头，李渊“素怀济世之略，有经纶天下之心”，而李世民与刘文静密谋后，是通过裴寂把起兵意图转告李渊的，事实上这正中他的下怀。既然太原的头面人物都已明确表态，李氏父子就开始积极地做灭隋准备，终于发动太原兵变，夺取了天下。

李唐皇室是汉族还是胡族

大唐帝国是中国古代一个空前强盛的朝代。然而，唐代李氏皇族的先世，究竟是汉族还是胡族，历来说法不一，莫衷一是。

刘盼遂的三篇《李唐为蕃姓考》和王桐龄的《杨隋李唐先世系统考》，经过一再论证，认定李氏出自拓跋族。其主要理由是：一、据释彦悰《唐护法沙门法琳别传》记载，李氏自言高祖李渊七世祖为西凉武昭王李暠，唐僧人法琳曾冒丧生之险，当着李世民的面加以驳斥："琳闻拓跋达阇，唐言李氏，陛下之李，斯即其苗，非柱下陇西之流也。"认为李氏是拓跋达阇的苗裔，自称陇西大族李氏之后，实属假冒。显然，法琳如果没有确凿的证据，决不敢口出狂言。二、唐朝刘悚《隋唐嘉话》说，单雄信曾呼李世民之弟李元吉为"胡儿"；《旧唐书》也说，李渊曾孙滕王李涉"状貌类胡"。可见，李氏血统中的确有胡族因素。三、按《新唐书·宗室世系表》《宋书·柳元景传》等记载，李渊祖父李虎有兄名"起头"，有弟名"乞豆"，李起头之子名"达摩"，而李氏在北魏时的先祖叫李初古拔。由此看出，李氏当出自胡族。四、李氏皇族中多次出现"乱伦"之事，如太宗死后，其子高宗以太宗才人武则天为昭仪等，这与吐谷浑、鲜卑等的习俗相合。又李氏家族往往与胡姓通婚，如高祖的皇后为窦氏，太宗的皇后为长孙氏等，可证李氏绝非汉族。

然而，现代史学大师陈寅恪反对“胡族说”。他在《李唐氏族之推测后记》一文中主张，李唐先世本为汉族，或为赵郡李氏徙居柏仁（即柏人县，今河北隆尧西）之“破落户”，或为邻邑广阿（今河北隆尧东）庶姓李氏之“假冒牌”。因为不是华盛之门，所以家风渐染胡俗，名不雅驯。李氏一族至西魏时才真正显贵起来，李渊祖父李虎入关后，东西分立局面已定，遂改赵郡之姓望为陇西，继而又伪称是西凉的嫡裔。如此看来，李氏血统本未与外族混杂，若仅就男系而论，则纯粹是汉族人。

唐史学者胡如雷在《李世民传》一书中，则提出另一种观点，认为民族是一个历史社会范畴，而不是一个种族生理范畴，既然李氏家族在长期的民族同化过程中已经汉化了，即使他们在唐代还保留某些胡族的习俗和遗风，也只能目之为纯粹汉人。就血统而言，子女的体貌特征可以继承自父母双方，且有隔代遗传，既然李氏素与胡姓通婚，“状貌类胡”也可来自母系方面，所以不能因此断定李氏祖先必系胡族。同时，母系胡姓窦氏、长孙氏等家族本身也早已汉化，到隋唐时更没有理由把她们看作少数民族了。至于“乱伦”之事，在唐朝皇族中毕竟只是少数特殊事例，在有唐近三百年中仍以遵循正常的人伦为主，何况这种事更多的是来源于剥削阶级的腐朽本性，未必出于民族习惯。总之，从南北朝到隋朝，正是一个胡汉各族同化的历史阶段，很多历史人物的血统是复杂的，很不单纯。即使李氏血统中的确有胡族因素，也并不影响李唐王朝以汉族统治者的身份统治国家。

“开元通宝”钱读法之疑

唐初，商业贸易中货币流通基本上沿用隋朝的五铢钱和其他古钱。高祖武德四年（621），始铸铜币称“宝”，变钱币历来以重量为名称的旧习。此后钱币，或称宝，或称通宝，或称元宝，并常常冠以当时的年号。由于武德时所铸的不是年号钱，便引起了币面文字读法之争。

一说武德钱应环读作“开通元宝”。唐玄宗曾御撰《大唐六典》，宰相李林甫作注，称武德四年铸造的钱为“开通元宝”。《旧唐书·食货志》也承认：“自上及左回环读之，其义亦通，流俗谓之开通元宝钱。”故环读应是唐朝人原来的读法，也即正确读法。《旧唐书·食货志》称环读是“流俗”读法，实际上应成为读作“开通元宝”的很好旁证。发生误读作“开元通宝”的时间，应早于《旧唐书》的编纂，所以《旧唐书》的作者以为读作“开通元宝”是“流俗”。

再引证五代时的“周通元宝”“汉通元宝”和北宋时的“宋通元宝”等，都作环读。尤其是这些钱不但只把“开”字换成“周”“汉”“宋”字，而且“通元宝”三字的字体完全袭用“开通元宝”字体，足证这四种钱是一脉相承的。此外，日本古代的十二钱皆环读，而这些古钱是仿造武德钱的，且通行的时代也大致相同。

一说武德钱当直读作“开元通宝”，即先上下，后左右。按唐朝人的习惯，所谓左右，是以事物本身为标准的，也即以钱范为标准，对于看的人来说，其实是右左。据《新唐书》和宋敏求《唐大诏令集》收录的高宗乾封二年（667）五月《用旧钱诏》，均称武德钱为“开元通宝”或“开元泉货”。可见，武德钱的币面文字，直读作“开元通宝”是正确的。所谓“开元”，是开始一个新纪元的意思，而“开通”一词就显得庸俗了；所谓“通宝”，是通行的宝货的意思，也比“元宝”的意义更适当。考察唐以前钱币上的文字，除了先秦的环钱和孙吴的当千以上大泉是环读外，其他均为直读，由此可佐证“开元通宝”钱的读法不误。

至于《大唐六典》李林甫的注称，可能是抄刻致误，或许民间本有两种读法，注者想要强调开元年号，故意采用另一种读法。而日本古钱采用环读，大概也是受中国民间读法的影响。

以上两说各有道理，“直读说”似更为有理，今人多从之。

唐太宗究竟出生于哪年

唐太宗李世民是中国历史上一位有作为的皇帝，名垂千古。然而，他究竟出生于何年，史说歧异，由此成了一个难以弄清的问题。

据《册府元龟》卷二《帝王部·诞圣门》《旧唐书·太宗纪》记载，李世民于隋文帝开皇十八年十二月戊午（599 年 1 月 23 日）出生于武功之别馆，死于贞观二十三年（649），享年五十二岁。

《新唐书·太宗纪》则未明载李世民生年，虽言太宗崩年与《旧唐书·太宗纪》相同，但享年盖定为“五十三”，以此推测太宗生年，应在开皇十七年（597）。

又《新唐书·太宗纪》曰：“大业中，突厥围炀帝雁门……太宗时年十六，往应募。”考雁门之围事在隋炀帝大业十一年（615），按此上推十六年，李世民当生于开皇二十年；若以李世民卒于贞观二十三年计算，他的享年应为五十岁。

唐史学家胡如雷据《贞观政要》《大唐创业起居注》等多种文献，通过对李世民自述生平的仔细考证，提出了新的看法，认为唐太宗实生于开皇十七年十二月戊午（598 年 1 月 28 日），享年五十三岁。其主要理由是：一、据《贞观政要》卷十《灾祥》等的记载，李世民自称十八岁举兵，二十四岁定天下，二十九岁升为天子。然而，一一引证史实，诸多不合。李渊、李世民父子举义旗于大业十三年，若此年李世民十八岁，他的生年当为开皇二十年；定天下系指平定窦建德、王世充，事在唐高祖武德四年（621）。如果大业十三年李世民十八岁，那么武德四年就是二十二岁，与二十四岁定天下之说不合；又可推知，武德九年李世民登基时为二十七岁，即使从次年改元贞观始算，也不过是二十八岁，并非二十九岁升为天子。可见，在具体时间上，李世民的自述并不准确，因而不足为据。二、李世民同母弟李玄霸死于大业十年，时年十六岁，推算其生年当在开皇十九年。李世民为李渊次子，李玄霸为第三子，绝无兄晚弟早之理，所以李世民生于开皇二十年的说法难以成立。三、李世民与李玄霸同为窦氏所生，若按李世民生于开皇十八年十二月的说法，窦氏要在前后相差不到十三个月里，两次怀胎生子。显然，这种可能性不大。四、考《新唐书·太宗纪》，尽管未载李世民生年，但从卒于贞观二十三年和享年五十三岁的记载中，可推知唐太宗李世民生于开皇十七年，若按十二月戊午换算公历，就是 598 年 1 月 28 日，这应当是最合理的。

均田制在唐代实行过吗

均田制是一种计口授田的土地分配制度，自北魏以来长期实行，影响深远。那么，唐代是否实行过均田制呢？学术界的看法并不相同，可谓众说纷纭，莫衷一是。归纳起来，大致有三种观点：

完全否定说。邓广铭是这一观点的有力支持者。他在《唐代租庸调法研究》一文中认为："唐初所公布的所谓均田令，自始就不曾认真推行过，其在下令之后所确曾做过的工作，只是把全国各地民户私有的土地一律更换其名称。"邓先生列举了三个主要理由：首先，重视田制的杜佑，在《通典》中没有记载武德七年（624）田令，他所记载的开元二十五年（737）田令，据其注解未曾实行过。其次，唐高宗永徽年间（650—655），潼关以东，大河南北多有荒芜之地，这里应该是均田制推行的重点区域，但未见有贫民生活作业的痕迹。最后，敦煌户籍所载农户已授田，距其应授田之数相差不多，而各农户土地占有比例又全然不同，并且农户土地较为分散，与田令的规定"务从近便，不得隔越"，大相径庭。据此，邓先生得出结论："唐初的均田令，实际上还应算是一种具文，在其时社会经济的发展上是不曾起过任何作用的。"

完全实行说。这一观点最有力的支持者是乌廷玉。他在《关于唐代均田制度的几个问题》一文中，对全盘否定说的论据进行了剖析，认为敦煌户籍中土地颁给的零散与其授田的时间相关；开元以前虽然有土地兼并，但因为大量的荒地，仍然在实行均田制；至于贞观、永徽年间，潼关以东，大河南北有大片荒地，是有灾荒发生。进而乌先生列举了关中、沙洲、关东依据均田制“受田”和“退田”的事实，认为均田制在唐代推行是十分广泛的。此后，岑仲勉《租庸调与均田有无关系》一文，指出《通典》记载之开元二十五年田令，不必疑其不实，唐人所言敦煌户籍等都可证明均田制确实曾实行过。

不彻底实行说。韩国磐坚持这一种观点。他在《唐代的均田制与租庸调——对邓广铭同志“唐代租庸调法研究”一文的商榷》一文中认为：“唐初实施过均田制，不过很不彻底。”韩先生指出，北魏、北齐、北周都采用过均田制，到隋代时将其推广至江南地区；唐代也曾颁布均田令，《唐六典》记载均田的办法比《通典》《旧唐书》等要早；而敦煌文献只能说明均田制实施很不彻底，而不能否认它的存在性。同时韩先生以日本、高丽、吐蕃、南诏等田制是受唐朝影响为例证，说明了均田制在唐代只是推行不彻底，并不是唐代未推行过均田制。

此外，还有均田制在时间和地区上的不完全否定说、不完全实行说、一定程度实行说等等，他们各自依据自己所掌握的文献资料，阐明自己的观点态度。经过长时期的激烈讨论，究竟唐代是否推行过均田制，至今还没有一个明确的结论，仍需唐史研究者继续探索。

玄奘何时启程西行

唐高僧玄奘赴佛教发祥地印度取经的故事，广为人知。然而，他启程西行究竟在哪一年？历来说法不一。

一、贞观三年（629）说。唐代辩机《大唐西域记·记赞》、慧立撰彦悰笺《大慈恩寺三藏法师传》、冥详《大唐故三藏玄奘法师行状》、智升《开元释教录》以及刘肃《大唐新语》等，都说玄奘西行首途的时间为唐太宗贞观三年仲秋或八月。后世大多数中外学者经过研究，仍维持旧说，影响广泛。史学家陈垣有《书内学院新校慈恩传后》一文，认为新、旧唐书《玄奘传》所云玄奘西行出关，迭被留难，一阻于凉州，再阻于瓜州，三阻于一烽，四阻于四烽，是可信的。而唐道宣《续高僧传·玄奘传》“会贞观三年，时遭霜俭，下敕道俗，随丰四出”的记载，值得怀疑。如果玄奘是杂在奉敕逃难的僧俗饥民队伍中西行，决不会路途多次受阻。史载玄奘西行取经，曾在中亚境内会见过西突厥统叶护可汗，但据《册府元龟》《通鉴考异》记载，统叶护可汗被杀于贞观元年，所以玄奘所遇见的并不是统叶护可汗，而应是其子肆叶护可汗。

二、贞观二年说。丁谦在《大唐西域记考证·自晋至唐游历印度诸僧考》一文中首创此说，认为“唐太宗贞观二年，东都僧玄奘遍游五印度，至贞观十九年返，前后凡十七年”。此后，吕澂在《玄奘法师略传》一文中提出，玄奘西游的动机系受到波颇密多罗的启示，而波颇在贞观元年十一月抵达长安，玄奘乃发愿往梵土，寻其全文以究竟，所以吕澂主张“贞观二年秋，北方遭逢霜灾，政府准许道俗四出就食，因此他得便前往敦煌，展转到高昌国，备受国王的礼敬，延留度过了夏坐，再向西行，那时正当贞观三年的八月”。虞愚《慈恩宗的传承及其中心思想初探》一文也赞同这一说法。

三、贞观元年说。近代学者梁启超在《中国历史研究法》第五章《史料之搜集与鉴别》中指出，据贞观十八年春夏之交玄奘在于阗的上表“历览周游一十七载”语，可以推知，玄奘启程西行必不在贞观三年。如果玄奘启程西行于贞观三年八月，返回于贞观十八年三、四月，那么从何得十七年呢？玄奘的确会见了西突厥统叶护可汗，而统叶护可汗实死于贞观二年，故玄奘只有在贞观元年出发西行，才能在贞观二年统叶护可汗死前不久与他相见。按《新唐书·太宗纪》记载，贞观三年并没有霜灾，而贞观元年关中、关东、河南、陇右等地的霜灾，史书明确有载，无可置疑。既然朝廷令僧俗人四出避地求食，玄奘便可乘此机会，杂在饥民队伍中向西出走。其实，玄奘往返途中的经历，皆有详细记述，非满十七年则不敷分配，如果他启程西行在贞观三年，那么所记就成了虚构。

杨廷福《玄奘西行首途年月考释》一文，再证此说。他认为贞观元年的霜灾，敕令僧俗人可四出求食，这有多种史料证实，所以玄奘从京师到凉州通行无阻。至于玄奘抵凉州后受阻，这与贞观初年严禁边防关塞出入有关。史言玄奘“结侣陈表，有诏不许”，其西行出境必定是非法的，故才迭被阻难。所谓玄奘在高昌“延留度过了夏坐”，按他的行程时间推算，并不相符合。玄奘与波颇见面事，实际上波颇来京时间历来有两说，其中一说是在唐高祖武德九年（626）。在两说未有定论之前，如波颇于武德九年抵京，而玄奘在贞观元年八月出国，双方会面也是可能的。况且，唐代撰写的玄奘传记，对于玄奘在国内外的请益问业之师，均有详载，却独无波颇，由怀疑会面事推断，玄奘西行与能否会见波颇无关。玄奘所撰《请御制三藏圣教序表》，是与《大唐西域记》同时奏上的，其载启程西行于贞观元年，可称力证。但唐人著作大多作贞观三年，其讹误的原因，很可能是当时传抄时将“元”误作“三”，祖本一讹，后出各本也就相沿承误了。

上述诸说皆有道理。杨廷福在《玄奘西行首途年月考释》文后附言说：“文化大革命前夕，因关于玄奘西行首途年月问题，与陈垣前辈同志的主张分歧，经往返函商，陈垣前辈同志谓：‘旧学商量增邃密，足下所考释，殆可定论矣。’”如此看来，“贞观元年说”似亦为陈垣所承认。

《晋书》修撰年代之疑

唐太宗贞观时期修撰的《晋书》，是一部颇有特色的官修史书，被后世列为二十四史之一。然而，《晋书》到底修撰于贞观哪一年，长期以来说法歧异。

《旧唐书·房玄龄传》曰："（贞观）十七年（643），与司徒长孙无忌等图形于凌烟阁……寻以撰高祖、太宗《实录》成，降玺书褒美，赐物一千五百段……太宗亲征辽东，命玄龄京城留守，手诏曰：'公当萧何之任，朕无西顾之忧矣。'军戎器械，战士粮廪，并委令处分发遣……寻与中书侍郎褚遂良受诏重撰《晋书》，于是奏取太子左庶子许敬宗、中书舍人来济、著作郎陆元仕、刘子翼、前雍州刺史令狐德棻、太子舍人李义府、薛元超、起居郎上官仪等八人，分功撰录，以臧荣绪《晋书》为主，参考诸家，甚为详洽……太宗自著宣、武二帝及陆机、王羲之四论，于是总题云御撰。至二十年，书成，凡一百三十卷，诏藏于秘府，颁赐加级各有差。"《旧唐书·令狐德棻传》也云："（贞观）十八年，起为雅州刺史，以公事免。寻有诏改撰《晋书》，房玄龄奏德棻令预修撰，当时同修一十八人，并推德棻为首，其体制多取决焉。"房玄龄和令狐德棻是编纂《晋书》的主要人员，考察两传，《房玄龄传》所谓"十七年"，旧版作"十八年"，是中华书局本二十四史点校人员据史实改正的，有校勘记。这样看来，两传记载史实清楚，贞观十八年房玄龄、褚遂良等始受诏重撰《晋书》，至贞观二十年成书，凡一百三十卷。现世诸家史学史多持此说，如金毓黻《中国史学史》、李宗邺《中国历史要籍介绍》、柴德赓《史籍举要》、朱杰勤《中国古代史学史》等，影响广泛。

可是，《唐会要》《册府元龟》《唐大诏令集》等史书，收录唐太宗贞观二十年闰三月四日的一份《修晋书诏》，诏书曰："朕拯溺师旋，省方礼毕，四海无事，百揆多闲……宜令修国史所更撰《晋书》，铨次旧闻，裁成义类……其所须可依修五代史故事，若少学士，亦量事追取。"（《唐大诏令集》卷八十一）李培栋于1984年撰文《〈晋书〉研究》，论定《晋书》实际上修撰于贞观二十年闰三月四日（646年4月24日），完成于贞观二十二年七月癸卯（648年8月18日）之前，从而否定了贞观十八年始修，二十年完成的说法。那么，这见解是如何得出的呢？该文分析道：《修晋书诏》标明的时间"（贞观）二十年闰三月四日"，应当是可靠的。诏书中"朕拯溺师旋，省方礼毕，四海无事，百揆多闲"的记载，与《旧唐书·太宗纪下》贞观二十年"三月己巳，车驾至京师。己丑，刑部尚书、郧国公张亮谋反，诛。闰月癸巳朔，日有蚀之"的史事相吻合。所谓"拯溺师旋"，就是征辽军的"车驾至京师"；所谓"四海无事"，指的是刚刚杀了张亮。闰三月初一日食，初四便有了《修晋书诏》，两相印证，是可信的。而《修晋书诏》的有关记载，与贞观十八年的史事全然不符。再从情理和当时形势看，太宗不会在贞观十八年布置征辽东后，贞观二十年三月回到京师前，复下诏修《晋书》。况且，房玄龄留守京师，褚遂良随驾出征，两人决不可能异地同时修撰《晋书》。历来言《晋书》者，皆称房玄龄主其事，中途并未易人。所以，《晋书》完成修撰的年代，当在贞观二十二年七月癸卯房玄龄死之前。此年十二月癸未，新罗王遣其相伊赞千金春秋及其子文王来朝，太宗即把新撰成的《晋书》赏赐给他们。

《兰亭序》流传的异说

《兰亭序》是中国古代著名书法家王羲之的不朽之作，乃书法圣品。

此帖之流传，最早见于唐代何延之《兰亭记》所述（见本书《〈萧翼赚兰亭图〉是阎立本所绘的吗》）。然而，与何延之同时的刘悚，在所著《隋唐嘉话》中，所述《兰亭序》流传经过，又大不同。他说，此帖“梁乱出外，陈天嘉中，为僧所得，至太建中献于宣帝”。隋平陈后，帖借出在外，后入于辩才手中。唐太宗为秦王时，遣萧翼（一说欧阳询）往越州求得之。太宗死时，褚遂良奏请陪葬于昭陵。

● 王羲之（《于越先贤传图像》）

说法虽异，而《兰亭序》帖最终陪葬唐太宗入昭陵，则是一致的。《兰亭序》的传奇故事，至此似乎结束了。然而，根据正史记载，昭陵在五代乱世之中曾被盗掘。《旧五代史》卷七十三与《新五代史》卷四十，都为“劫陵贼”温韬专门立传。温韬是后梁耀州（治今陕西

● ［宋］马远《王羲之玩鹅图》

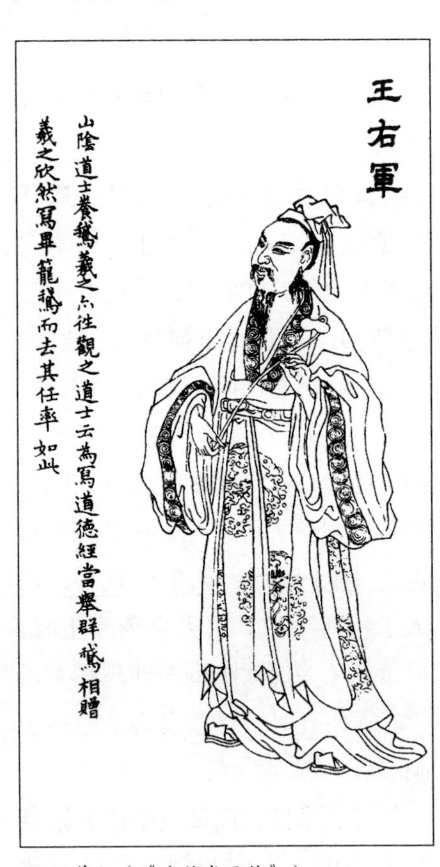

● 王羲之（《晚笑堂画传》）

铜川市耀州区）节度使，在镇七年间盗掘唐代诸陵，《新五代史》记载详细，云："昭陵最固，韬从埏道下，见宫室制度，宏丽不异人间，中为正寝，东西厢列石床，床上石函中为铁匣，悉藏前世图书，钟王笔迹，纸墨如新，韬悉取之，遂传人间。"依此说来，《兰亭序》似亦在内，复见天日了。明代于慎行《穀山笔麈》亦云："以史考之，此本复出人间矣。"然而毕竟下落不明，因此又感叹道："第不知复沦没于何代耳。"由是看来，《兰亭序》的流传，仍然留下极大疑问，或是入葬昭陵之说仅是传说；或者，温韬果然盗出，又复沦没。不过无论如何，《兰亭序》的真本是不复得见了，其流传有绪的传奇，也仅到昭陵为止。

尔后，郭沫若别为新说。他撰写《由王谢墓志的出土论到兰亭序的真伪》一文，力斥上述传说"完全是虚构的小说"，指出："太宗要以《兰亭》陪葬，何必向他儿子乞讨？父子之间的耳语又是谁偷听来的？真真是莫须有的妄拟了！"他认为，何、刘二说皆伪，即便《兰亭序》文本身也是依托的，"它既不是王羲之的原文，更不是王羲之的笔迹"。郭沫若这一盆冷水，把"兰亭传奇"浇得一无趣味，于是又兴起一番"兰亭真伪"的论战，迄无定论。不过，唐太宗命宫人冯承素摹写的《兰亭序》帖却借现代印刷术的发明，得以广泛流传民间了。

《萧翼赚兰亭图》是阎立本所绘的吗

“萧翼赚兰亭”是一则流传了数百年、难辨虚实的故事。要说清这个故事，就不能不先提到王羲之与书法作品《兰亭序》。

东晋永和九年（353）三月三日，书法家王羲之与朋友们在会稽山阴（今浙江绍兴）的兰亭溪畔曲水流觞。王羲之酒酣时挥毫泼墨，为朋友们的诗作书就了一篇序文，这就是赫赫有名的《兰亭序》。此篇文句优美，感情细腻，书法恣意纵横，文中出现的二十个“之”字，各具特征，无一雷同，被誉为王羲之平生最好的手迹。王羲之自己也认为此篇所达到的境界，是不可能再逾越的。王羲之辞世后，家人将《兰亭序》视为传家宝，代代相传，隋末唐初传到七世孙手中。这位七世孙出家为僧，在永欣寺修行，称智永禅师（也是著名书法家）。智永将《兰亭序》传给弟子辩才。其时已是唐太宗李世民一统天下的时候。

李世民对王羲之的书法极为珍赏，为了得到《兰亭序》，曾数次下诏重金悬赏求索，然而毫无结果。后来获悉《兰亭序》在会稽某寺辩才和尚的手里，遂“请”辩才到长安，而辩才却推说不知，将李世民搪塞了过去。在此情况下，监察御史萧翼自请去会稽智取《兰亭序》。

萧翼到了会稽后，在辩才所在的寺院住了下来，设法取得辩才的信任，还不时与辩才讨论王羲之的书法。

一日，在辩论中，萧翼说携有王羲之最好的墨宝，并拿给辩才看，辩才承认这是王羲之真迹，却不是最好的。萧翼要他出示证据，辩才不知是计，就将珍藏多年的《兰亭序》拿了出来。萧翼于是取出圣旨。辩才大惊，但悔之已晚，只好眼睁睁地看着墨宝被带走。

唐太宗李世民得到《兰亭序》后，爱不释手，去世前，嘱以将此墨宝陪葬。千古绝世的王羲之佳作真迹从此从人世间消失了。后人所见《兰亭序》多为唐以后的摹本，其中以故宫博物院收藏的唐摹本神龙本《兰亭序》为最佳。

“萧翼赚兰亭”故事最早见于唐何延之的《兰亭记》。此后，萧翼成了流传千古的名人，不但屡屡为史料提及，还成了不同时代画家笔下的人物。如传为唐代画家阎立本的《萧翼赚兰亭图》、北宋巨然的《萧翼赚兰亭图》等等，均以萧翼为图中主角。可见“萧翼赚兰亭”已成为传统绘画中一个题材。在众多画作中，最负盛名的当推传为阎立本所画的一幅。

阎立本（？—673），雍州万年（今陕西西安）人，唐初著名人物画家，曾任将作大匠、工部尚书、右相、中书令，工绘人物、车马、山水、道释等，尤其擅长人物肖像画及政治性题材的历史画，有“右相驰誉丹青”之称。其存世的作品有《步辇图》《历代帝王像》《职贡图》《萧翼赚兰亭图》等。

此卷为绢本设色，纵 27.4 厘米，横 64.7 厘米。据宋人吴说记载，此图为“写人物一轴，凡五辈，唐右丞相阎立本笔。一书生状者，唐太宗朝西台御史萧翼也，一老僧状者，智永嫡孙会稽比丘辩才也……

此图江南内库所藏……太宗皇帝（此指宋太宗）初定江南，以兵部外郎杨克逊知升州，时江南内府物封识如故，克逊不敢启封，具以闻，太宗悉以赐之”。吴说提到的江南内库就是南唐内府，可见此图曾经南唐内府收藏，并在北宋初年为兵部外郎杨克逊得到，几经转手后又于南宋绍兴元年（1131）七月被吴说购得，为此他在画上题跋，讲述画的来源、流传经过。可惜数百年后的今天，吴说的跋文已经不见了。

由宋到明，图卷又几次转手，其流传经过从画末文徵明的拖尾中可以了解。文徵明还明确表态，认为此卷是阎立本的真迹。

清初，画入内府；末帝溥仪出宫时，画被携出皇宫，后带往东北。新中国成立后，此画被辽宁省博物馆收藏。

然而，关于此画的作者和表现内容，一直以来颇有争议。

历代鉴藏家对传为出自阎立本之手的这幅画倍加珍惜，给予很高评价。但在当代，此画属于什么时代的问题被提了出来。杨仁恺在赞扬“画中人物辩才和尚、御史萧翼及随侍，当王羲之《兰亭序》真迹揭开的瞬间，神情心理的变化，被作者摄入画笔，刻画入微，精妙无比，造型手法竟臻此肖妙，非名家手笔不能达到”的同时明确表示：通过与阎立本的《历代帝王像卷》相比较，此画作者应该是五代时人。

在同意此画并非阎氏作品的前提下，关于画作的时代，看法也不尽一致，如认为作于唐代、五代、宋代等等，真是仁者见仁，智者见智。

以往人们认为，此图描绘的是萧翼初见辩才时的情景，图中坐在原木大椅中，身穿便服，手执拂尘，打着手势说话的是辩才和尚；与其相对而坐，乌冠白袍，双手笼在袖子中作揖请状的是萧翼；而两人身旁身披袈裟，默然而立的是侍僧；辩才身后的两个人是烹茶、奉盏的小侍童。似乎从来就没有人对画的内容有过怀疑。

1965年，郭沫若根据考古新发现的两晋书法材料，发表了题为《由王谢墓志的出土论到兰亭序的真伪》一文，从而掀起一场关于“兰亭序真伪”的大讨论。

辩论展开不久，很多学者多方搜寻资料，为“兰亭序非王羲之书作，而是隋朝僧侣书家智永禅师的伪托”的观点提供佐证。阎立本《萧翼赚兰亭图》就成了一个新证据。他们或否认此图出自阎立本之手，或否认图的内容不是“萧翼赚兰亭”，以此进一步说明《兰亭序》不是王羲之所书。如史树青作《从〈萧翼赚兰亭图〉谈到〈兰亭序〉的伪作问题》一文，认为：此阎立本《萧翼赚兰亭图》卷，从图的人物上说，全图共五人，二主三从，一僧挥麈踞禅榻坐，与客对话，而侍僧在侧，二执事者作拨炉烹茶状。据何延之说萧翼微服至洛潭，随商船至越，黄衫宽袖，得山东书生之体。既是书生，而且是一个老书生，与辩才对话，似不宜末坐。从图中看，僧手执麈尾似在讲谈，而书生则拳拳服膺，如有所得，最奇的是一侧侍僧端坐，形成三人对话的局面，如系萧翼赚《兰亭》故事，断无三人对坐之理。萧翼骗取《兰亭》，与辩才谈话，决不会容第三者在场。而此图作三人对话，尚有二人烹茶，且画面更未见到任何书卷，主题显与事实不符。

除此以外，史先生还通过对图中禅榻、麈尾、水注等形制以及书生幞头、火炉形状等实物分析，进一步否认此画为阎立本所为，并最终得出结论：这卷既不是阎立本画的，更不是萧翼赚兰亭故事，而是后人对《兰亭》迷信，给它戴上了阎立本“萧翼赚兰亭”的帽子。

结论一出，有更多人对画的内容进行分析，有人说，此图所反映的左、右两段内容在情节上不够紧凑，不是“萧翼赚兰亭”，应该是“陆羽烹茶图”和另一个典故。

此卷是否阎立本所绘，绘的是否是“萧翼赚兰亭”，都成了人们争论的焦点，不同观点的人们引经据典加以论证，但似乎谁也说服不了谁。不过，有一点人们能够达成共识，这就是：无论出自何人之手，是否是“萧翼赚兰亭”，此卷都是我国古书画的优秀作品，堪称国宝级文物。

现存名画《步辇图》作者之疑

《步辇图》是中国十大传世名画之一，绢本设色，纵 38.5 厘米，横 129 厘米，藏北京故宫博物院。据载，唐贞观十四年（640），太宗以宗室女文成公主与吐蕃赞普松赞干布联姻。松赞干布派使者禄东赞到长安迎公主入藏。此图描绘的就是唐太宗接见吐蕃使者的情形：唐太宗端坐在步辇（一种由双人抬行的轿椅）上，在宫女彩娥簇拥中缓缓而来。禄东赞身着连珠纹衣袍，在鸿胪寺官和宫廷内侍陪伴下谒见。画家将人物身份、性格准确生动地展现出来，呈现出高超的驾御笔墨的本领。此卷无作者款印，后有宋章伯益篆书题记；画幅上有金章宗，明郭衢阶、吴新宇，清梁清标、嘉庆皇帝等人的收藏章，为《宣和画谱》《清河书画舫》《铁网珊瑚》《式古堂书画汇考》等所著录。

然而，对于现存名画《步辇图》是否为阎氏真迹，历来有两种不同观点，争论不止。

一种观点认为：向来传世《步辇图》仅此一卷，从未见有两幅同时出现的记载；且此图画法相当精工，具有浓厚的时代气息，这些绝不是后人摹仿能够达到的；画心用绢与卷后宋人章伯益篆题用绢有区别，也表明不是出于一个时代。也有学者据《旧唐书·阎立德传》所言：“（立德造）腰舆、伞、扇，咸依典式。”认为“腰舆”即是步辇，阎立德是阎立本的兄长，步辇为其兄长所造，可见《步辇图》上画之内容，均是真实情景，《旧唐书》所载，足以说明这兄弟二人在构思方面的共通之处。还有学者在朱景玄《唐朝名画录》当中，寻得《步辇图》为阎立本所作的依据。从其所云“尝诏立本写太宗御容”一语来看，阎立本曾做过宰相又是著名画家，连同唐太宗李世民都下诏他为其作画，由此在汉藏和亲的重大事件上，他完全有可能亲眼目睹这一历史性的盛大场面，甚至有可能是奉太宗御诏作画。

另一种观点认为，此画是宋代的摹本。他们认为，据北宋米芾《画史》记载，画上有唐朝宰相李德裕题记，现存画上却不见李氏题记，而卷后有了宋人章伯益篆书主题本事，由此推测，此幅当是宋人临摹了阎氏原作的作品，又附加上章伯益、李芾、黄公器等多人题跋，假冒阎立本真迹流传。陈佩秋也持此观点，他指出，从艺术性和艺术风格来看，《步辇图》系伪作，其主要依据有三：一、《步辇图》的绘画艺术水平很差，它的榜题和后面章伯益的书法艺术也很差。二、从画来看，它有很多有违常识和规律的表现，其中包括历史的真实性问题。三、从画上的题跋和印章以及绢地的陈旧度来看，都有疑点和破绽。

时至今日，以上两种观点各依所据，自有一定道理，看来仍需进一步探究。

《历代帝王图》是谁的手笔

《历代帝王图》又称《古帝王图》，是一幅流传有绪、屡见著录的唐代艺术珍品。今存十三图，绢本设色，为西汉至南北朝、隋代十三个帝王的画像，分别是汉昭帝刘弗陵、汉光武帝刘秀、魏文帝曹丕、吴主孙权、蜀主刘备、晋武帝司马炎、陈文帝陈蒨、陈废帝陈伯宗、陈宣帝陈顼、陈后主陈叔宝、北周武帝宇文邕、隋文帝杨坚、隋炀帝杨广。《历代帝王图》构图形式，分立像和坐像两种。南齐谢赫《古画品录》曾曰："图绘者，莫不明劝诫，著升沉，千载寂寥，披图可鉴。"画家本着这一原则，根据每个帝王的个性，作了传神的刻画。如画开国君主汉光武帝、魏文帝、吴主、蜀主、晋武帝"貌宇堂堂""威武英明"；画亡国之君陈后主和隋炀帝"萎靡不振"，就连服饰装束也画得不同于开国君主。人们常说以史为鉴，其实作画也可以明劝戒。

《历代帝王图》现藏美国波士顿博物馆，由于没有留下名款，引起后世种种猜测，究竟作者是谁呢？归纳起来，主要有两种说法。

传统观点认为，《历代帝王图》出自初唐著名画家阎立本之手笔，是他的代表作。阎立本擅写真，具备创作此类题材的条件。相传他画过唐太宗的画像，为时称誉。留世的《步辇图》，描绘的是唐太宗和来迎文成公主的吐蕃使者会见时的情景，也属政治题材历史画的名作。

然而，人民美术出版社 1981 年出版的《中国美术史论集》发表美术史家金维诺《〈古帝王图〉的时代与作者》一文，否定了《历代帝王图》为阎立本作品的说法，提出此画的真正作者，当是唐代另一位画家郎余令。其主要理由是：一、现藏美国的《古帝王图》，是一幅宋代的摹本。据北宋米芾《画史》记载，他见到过《古帝王图》，是白麻纸本，没有上彩。初为宋朝孙仲荀收藏，后杨褒从孙仲荀处摹得，于仁宗嘉祐时（1056—1063）使人摹制上彩，又为王球购得。现存的绢本，就是杨褒的摹制品。此画最早由北宋富弼题为阎立本所画，但白麻纸的原本并无阎立本题名，初唐以来也未见阎立本曾画帝王图的记载。二、阎立本之母是北周武帝的女儿清都公主，如作画的是阎立本，他不可能把自己的外祖父画得那么粗野蛮横，且题上“后周武帝宇文邕在位十八年，五帝共廿五年，毁灭佛法，无道”字样，故原画决非阎立本之作。三、《历代帝王图》为初唐作品并无疑义，考察初唐曾画过帝王图的，仅知有画家郎余令。郎余令，定州新乐（今河北新乐南）人，博学登进士第，官至著作佐郎，曾编撰《隋书》，未成病卒。郎余令善画，据唐代张彦远《历代名画记》记载：“郎余令，有才名，工山水、古贤。为著作佐郎，撰《自古帝王图》，按据史传，想象风采，时称精妙。”由此看来，郎余令的经历、学识修养及绘画才能，应当具备创作《历代帝王图》这类政治历史题材作品的条件。

尽管至今一般仍把《历代帝王图》判为阎立本作品，但“郎余令说”似非毫无道理。

是“杀手锏”还是“撒手锏”

近些年来，“杀手锏”和“撒手锏”二词频繁地出现在各种媒体中，以至于原先不收这二词或仅收其中一词的大型工具书纷纷增加这两个条目。在词义解释上，各工具书都有自己的特点，但“比喻最关键的时刻使出的最拿手的招数”这一释义基本是一致的。仅就语文意义而言，这两个词几乎是通用的，但仔细推敲其文字，又是有所区别的两个词。换言之，作为一种实物，到底应该是“杀手锏”还是“撒手锏”，甚至两者都有？为此，很有一辨的必要。

陈宇指出，“杀手锏”和“撒手锏”中最关键的字是“锏”。“锏”又称“铁锏”，与鞭、棒等都属于中国古代的短柄打击武器，在冷兵器中属鞭类，在十八般兵器中排在第十二位（或说第十五位）。从文献看，至少在战国时期就已经有了“锏”，因不是军队常备武器，它没有一定的形制，多为个人或小群体用。其使用方法与铁鞭类似，杀伤力凭砸、戳、捅，而不是砍、削、刺。通常的锏棱径3—4厘米，长度60—70厘米，重量在1—5千克之间。《说唐》中说秦叔宝二锏重一百八十斤，若按古今量制约3∶1的比例换算，单锏应有三十斤即15千克重，其中或许还有些夸张的成分。实战中，锏常常与枪（矛）搭配使用，宋以前多用单锏，明清两代好用双锏。自火器运用于战争以后，锏和其他冷兵器一样，作用越来越小，逐渐在实战中被淘汰出局，演变为武术器械。如今，包括锏在内的十八般兵器的演练已正式被列为国家武术比赛项目。

从上述考订我们可以看出，锏在实战中是一种握在手中使用的冷兵器，而不是可以“撒”出去的暗器。中国古代小说对兵器的使用算得上是极尽想象能力，但所描绘的能抛撒的兵器不外乎是匕首、镖、针等，不见有“撒锏”的实例。而且，现实生活中的锏不论从长度还是重量，都不适合抛撒。撒锏应是现代武侠小说的构思想象。

如果要寻找“杀手锏”和“撒手锏”的渊源，大概可以追溯到清朝无名氏编撰的《说唐》。该书第八回讲到秦家总管秦安将秦家祖传锏法传于秦琼，“将九九八十一路锏法尽心教传，更有一桩绝技：在阵上杀得人家过便罢，如若杀不过，只消败下去，使出他秦家的杀手锏来，真乃百发百中，取上将首级，如探囊取物”。第九回还描述了秦琼与罗成这对表兄弟互授锏法和枪法，各耍小心眼，一个保留了“杀手锏”，一个保留了“回马枪”的情节。而到了第四十一回，秦琼和罗成在对方面前首次使用自己的绝招时，秦琼的感叹是：“兄弟好回马枪啊！”而罗成的回应却是：“哥哥好撒手锏呵！”可见，在“杀手锏”一词出现的同时，“撒手锏”也应运而生了，不过它是作为“杀手锏”的依附而出现的。

秦琼的“杀手锏”原是编书人的杜撰，但却为人们交口相传，其原因除了《说唐》一书受到平民百姓的欢迎之外，书中对秦琼之锏的颂扬也是重要因素——唐高祖李渊敕封秦琼之锏可以先打后奏，亲笔御书曰："敕赐恩公锏二根，专打朝奸与佞臣。不论王亲与国戚，任从此锏去施行。"作者还有"双锏打成唐世界"的评语。这些描写特别符合中国人英雄崇拜的心理，因而"杀手锏"一词也自然会深入人心。

但到了近现代作品中，"撒手锏"开始独立出现了，而且含义也不同。如《燕山罗成》一书中这样描写："争取撒手锏在手，等宇文霸第三次冲刺过来时，把撒手锏猛地掷过去……"显然，这里的撒手锏已不是一种锏术，而是一种可用作投掷的兵器。这种在暗中投掷的利器往往能收到转败为胜的奇效，因此更为老百姓津津乐道。

虽然，许多近现代作家交互使用着"杀手锏"和"撒手锏"二词，但其不同用途还是较为明显的，"杀手锏"是一个招术，是抽象的东西；而"撒手锏"喻指的是可抛掷的具体物件，有实物感，但事实上并没有这样一种兵器。

不过，上述意见并没能得到所有学者的认可，有人以为：锏，是古代的一种手持兵器，为长条形四棱，无刃，上部略尖。为了出奇制胜，有人便在柄部系一链索，以便战斗时能手持链索的一端，撒手将锏抛出突袭对方，此为"撒手锏"一词的来源……严格起来说，它是一种运用武器的方法，一种以短制长的技巧，用今天的话来说就是战法。但此说缺乏有说服力的依据。

至此，我们是否可以这样说："杀手锏"是锏术中的绝招，引申为出其不意、击敌制胜的招数，比喻看家本领；"撒手锏"是后世文人因武林高招“杀手锏”而凭空构思的一种袖珍秘密器械，兵器史上并不存在。在通常情况下，指一种方略、战法、招术、绝技等抽象概念时，用“杀手锏”较准确；如喻指某一样攻击性的具体物件，那么，“撒手锏”也不失为一个生动的比喻。

● 秦琼和他的手器（《绘图隋唐演义》）

孙思邈年寿之疑

唐代神医孙思邈是一位带有传奇色彩的人物，他究竟活了多大岁数，向来说法颇异，迄今仍是一个悬案。归纳起来，主要有两种说法。

一说孙思邈生于隋文帝开皇元年（581），卒于唐高宗永淳元年（682），享年一百零二岁。其主要理由是：一、据《旧唐书·孙思邈传》记载，癸酉岁（咸亨四年，673），诗人卢照邻曾留居孙思邈宅，时孙思邈自云："开皇辛酉岁生，至今年九十三矣。"按癸酉年孙思邈九十三岁逆推，他的生年当在开皇元年，即辛丑岁。但这与孙思邈自述"开皇辛酉岁生"不合，查辛酉岁，是隋文帝仁寿元年（601）。如以辛酉岁生下推，到癸酉年，孙思邈是七十三岁，与癸酉岁年九十三的说法相异。从常理推断，"辛丑"易讹为"辛酉"，而"七十三"很难误作"九十三"。因此，孙思邈生年定为开皇元年。二、《旧唐书·孙思邈传》曰："永淳元年卒。"《新唐书·孙思邈传》则云："永淳初，卒，年百余岁。"可见，孙思邈享年绝不会超过一百一十岁。既然孙思邈生于开皇元年，卒于永淳元年，那么他的享年当为一百零二岁，而与癸酉岁年九十三的说法也相吻合。

一说孙思邈的生年在北周孝闵帝元年（557）左右，卒年仍为永淳元年，享年一百二十余岁。其主要根据是：一、依《旧唐书·孙思邈传》，北周宣帝时孙思邈以王室多故，隐居太白山。隋文帝杨坚辅政，征为国子博士，但孙思邈称疾不出仕。按周宣帝即位于建德七年（578），次年禅位于静帝，而杨坚辅政是在大象二年（580），故孙思邈生于开皇元年的说法令人怀疑。二、魏徵等于唐太宗贞观时奉诏修齐、梁、陈、周、隋五代史，曾屡次询访孙思邈，而他“口以传授，有如目睹”。按修史人员如姚思廉生于南朝梁敬帝太平二年（557），李百药生于南朝陈文帝天嘉六年（565），他们熟知前代史事，难道还会一再询访比自己小一二十岁的孙思邈？三、《旧唐书·孙思邈传》说：“询之乡里，咸云数百岁人，话周、齐间事，历历如眼见，以此参之，不啻百岁人矣。”据史推之，孙思邈当生于557年左右，则列传中的有关史事大多可以讲通。若其的确卒于永淳元年，那么孙思邈的享年应为一百二十余岁。他精通医术，善于保养，长寿是有可能的。

王勃究竟卒于何年

初唐诗坛四杰之一王勃的生年，是后人按其卒年推算出来的。那么，王勃究竟卒于何年？

王勃生前好友杨炯在《王子安集原序》中说，王勃“有涯先谢”，春秋二十八，时在高宗上元三年（676）秋八月。《新唐书·王勃传》称，王勃往省父，渡海溺水，悸而卒，年二十九。

现代有人通过考证，提出不同的见解。1983年《晋阳学刊》第二期发表何林天《论王勃》一文，认为王勃实死于睿宗文明元年（684），享年三十五岁，以此推算他的生年，当在高宗永徽元年（650）。总章二年（669）王勃南游巴蜀，曾和友人同游玄武山山庙，并撰《游山庙序》云：“吾之有生二十载矣。”以后他在《春思赋》中又曰：“咸亨二年（671），余春秋二十有二。”据此两处所载时间推算，王勃生于永徽元年。今存《王子安集》中王勃所撰《三月上巳祓禊序》有“永淳二年（683）暮春三月，迟迟风景，出没媚于郊原”的记载，可见此时王勃仍在世，若按永徽元年下推，则王勃已三十四岁。近人罗振玉抄自日本的《王子安集佚文》附录中，有王勃死后其叔祖王承烈的致祭文，写明日期是文明元年八月，应是王勃死后不久的初祭。因此，杨炯所说“上元三年”极可能是“文明元年”之误。

随后，姚乃文《王勃生卒年考辨——兼与何林天同志商榷》一文，赞同王勃生于永徽元年的说法，但不同意王勃卒于文明元年和享年三十五岁的观点，认为王勃南行省父返归途中，遇风浪坠入海中，但终被人救出。因王勃不习水性，受惊后一病不起，卒于高宗仪凤二年（677）初，时年二十八岁。《王子安集》中有《上巳浮江宴序》，内容与《三月上巳祓禊序》有吻合之处，当同为王勃南游过吴越时所撰，具体时间应在他任沛王府修撰期间，即总章二年春，故序文中“永淳二年”应为“总章二年”之误。推考王勃事迹，他当卒于南方，并就葬于南方。其叔祖王承烈当时的住所必离王勃卒地甚远，因而才会作致祭文。也有可能是王勃死后若干年，其灵柩迁回时，王承烈才为文致祭。

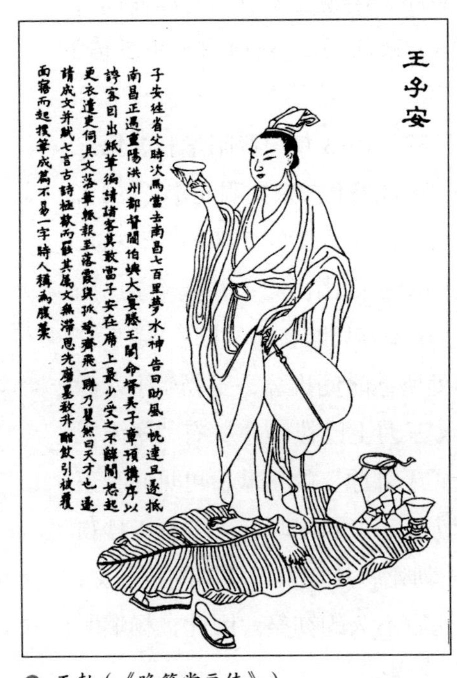

● 王勃（《晚笑堂画传》）

至于杨炯编《王子安集》的时间，应在崇文馆学士任上，即永隆二年（681）至永淳二年之间。如果王勃卒于文明元年，那就是说王勃还没死，杨炯已为他编集子了，显然不合情理。杨炯说王勃死时春秋二十八，又说他“促龄，材气未尽”，两者是一致的。如果王勃活了三十五岁，似已不算“促龄”。所以，王勃享年作二十八岁，当是可信的。

伊斯兰教传入中国年代之疑

7世纪初阿拉伯人穆罕默德（约570—632）创立伊斯兰教，不久便开始对中国进行传教。那么，伊斯兰教究竟何时传入中国，向来众说纷纭，莫衷一是。

元朝至正八年（1348）杨受益撰定州《重建礼拜寺记》称："隋开皇中，（天方）国人撒哈伯撒哈的·斡葛思始传其教入中国。"二年后，吴鉴撰泉州《重建清净寺碑记》也云："隋开皇七年，有撒哈八撒阿的斡葛思者，自大实航海至广东，建礼拜寺于广州，赐号怀圣。"显见，两碑记都说隋文帝开皇中，有天方国人把伊斯兰教传入中国，并在广州等地建立礼拜寺。此说一出，流传有绪，影响广泛。

可是，我们知道，穆罕默德始创伊斯兰教时已四十岁，当公元610年。以此推算，隋文帝开皇年间（581—600），穆罕默德才十一至三十岁，《重建清净寺碑记》说开皇七年伊斯兰教传入中国，而那时穆罕默德仅十七岁，根本没有创立伊斯兰教，怎么可能传入中国呢？于是，又出一说。沈福伟在《中西文化交流史》一书中，引马天英《回教传入中国历史》的记载，讲述了一个故事，相传隋炀帝大业十二年（616）有一百零一个穆斯林因在麦加传教受到科来希人迫害，由扎法尔率领逃到阿比西尼亚避难，扎法尔和另一个难民萨亚德勒，便从那里乘商船到福建泉州，开始在当地传教。这样看来，伊斯兰教传入中国的时间应在隋炀帝大业末年。

明朝何乔远在《闽书·方域志》中指出，穆罕默德“门徒有大贤四人，唐武德中来朝，遂传教中国。一贤传教广州，二贤传教扬州，三贤、四贤传教泉州”。根据这一记载以及当时的历史背景，黄秋润作《浅谈伊斯兰教传入泉州》一文，认为伊斯兰教在唐高祖武德年间传入泉州，是完全可能的。

清朝刘智《天方至圣实录·真教寺碑记》又云：“(穆罕默德)命其徒赛尔德宛歌斯以真经三十藏，计锁勒百一十四篇，分六千六百六十六段来献。云：‘诵此经能灭诸邪。’(唐)太宗撰之，颁诸天下，而其教遂大行中土焉。”假托刘智之父刘汉英撰写的《回回原来》，也说伊斯兰教传入中国的时间，在唐太宗贞观二年(628)。据此，后世学者李松茂在《从穆罕默德的创教活动考察伊斯兰教传入中国的时间》一文中指出：“628 年伊斯兰教传入中国是可能的，唐贞观说有多方面资料的根据。”刘圣五则在《回教传入中国的时期》一文中强调：“伊斯兰教传入中国，是在西纪 629 年(唐太宗贞观三年)前后。”如此观之，“贞观说”确有其道理。

然而，现代史学家陈垣再出新说，他据《新唐书·大食传》“永徽二年，大食王豃密莫末腻始遣使者朝贡”的记载，认为大食与中国正式通使在唐高宗永徽二年(651)，伊斯兰教传入中国的时间也应在这一年。陈著《回回教入中国史略》中，还纠正了贞观二年、贞观三年两说，指出：“由误算年数……所谓贞观二年者，实永徽二年也。”又说广州北门外有斡歌思墓，回教认为他是始至中国之人，其墓碑谓建于贞观三年，“当亦为永徽三年所建”。

上述诸说，各有所据，而以“永徽说”影响较大。其实，宗教的传播，往往表现为漫长渐进的渗入过程，因此确定伊斯兰教传入中国的某一确切时间是困难的。

摩尼教何时传入中国

公元3世纪中叶，波斯人摩尼创立宣扬光明与黑暗斗争的摩尼教。此教传入中国后，也称明教、明尊教或末尼教，其基本教义是男女平等，分财互助，不吃荤酒，死后裸葬，反对儒学、道教和佛教等，所以曾被一些农民起义借用来作为组织形式，从事秘密活动，所谓“吃菜事魔”，“夜聚晓散”。据史书记载，北宋方腊起义军中就有许多人信仰摩尼教。那么，摩尼教究竟何时传入中国？

宋朝释志磐撰《佛祖统纪》云：“延载元年（694）……波斯国人拂多诞持《二宗纪》伪教来朝。”现代史学家陈垣在《摩尼教入中国考》一文中认为，摩尼教传入中国的时间，莫先于《佛祖统纪》所载之武则天延载元年（694）。

宋朝宋敏求在《长安志》中说：“怀远坊东南隅大云经寺，本名光明寺，隋开皇四年，文帝为沙门法经所立。”一些研究者据此又出一说，认为大云寺就是摩尼寺，北周、隋朝之际摩尼教就已传入中国。

近世学者罗振玉引《长安志》中的上述文字，并以《老子化胡经》《凉州卫大云寺碑》等为佐证，指出摩尼教传入中国绝非在唐朝，而应推前到晋代。

由上看来，摩尼教传入中国的时间，大致有武周朝、周隋之际以及晋代三说，而以武则天延载元年摩尼教初传中国的说法，流传最广。但是，有人经过研究，认为延载元年拂多诞来武周朝，至多只标志摩尼教在中国公开合法传播的开始，而在此之前，摩尼教早已在民间流传多时，可能在 4 世纪初内地便已感受到摩尼教的信息。

明朝何乔远在《闽书》卷七中记载道："慕阇当唐高宗朝（650—683）行教中国。至武则天时，慕阇高弟密乌没斯拂多诞复入见……"慕阇就是摩尼教高级僧侣的称呼。20 世纪初发现于敦煌的十卷本《老子化胡经》残卷，同样有摩尼教僧侣活动于武周朝以前的记载。据考证，《老子化胡经》是公元三百年前后王浮的作品，敦煌本则为后人的增修本。此书抄袭摩尼教教义，应远较摩尼教在中国公开合法传播为早。此外，司马光《资治通鉴》记唐高宗永淳二年（683）白铁余起义，有"自称光明圣皇帝"等语，显然这带有摩尼教光明崇拜教义的痕迹，而其时间则早于延载元年。

从摩尼教东传途径来看，3 世纪末它已进入中亚地区，而 4 世纪初至 6 世纪，中西陆上交通并未被排斥佛教和摩尼教的哌哒人移民所阻隔，故摩尼教徒继续东行，并伴随因战乱入居塞内的西域人，在中国内地民间传教，应当是不成问题的。摩尼教与祆教、佛教极易混同，难以辨认，但借助摩尼教的信仰特征，考察唐以前一些农民起义，就会发现诸如"圣王""明法王""建明""圣明""净居国"等术语，以及崇尚白色、燃灯祭祀等等，都与摩尼教有关。总之，唐以前，大约 4 世纪初，中国内地民间可能已受到摩尼教的影响。

围绕摩尼教传入中国的时间，诸说并出，各有道理。然而，究竟何种说法符合史实，还需深入研究。

唐高宗患的“风眩症”究竟是什么病

唐高宗李治是唐代第三代帝王。他性格懦弱，又体弱多病，故永徽六年（655）后，当他身体不适时，便让武则天参决大政，两人既是政治上的伙伴，又是生活中的夫妻，时称“二圣”。那么，唐高宗到底患了什么病，致使他不能总理朝政？据司马光《资治通鉴》记载：“上初苦风眩头重，目不能视，百司奏事，上或使皇后决之。后性明敏，涉猎文史，处事皆称旨。由是始委以政事，权与人主侔矣。”从司马光的记载可以看出，唐高宗所得疾病的表现是“风眩头重，目不能视”，即“风眩症”。很显然，“风眩症”只是这种病的临床表现，并不是疾病名称。长期以来，学术界围绕“风眩症”到底是什么病，展开了激烈讨论，众说纷纭。

脑血栓说。这种观点的主要支持者是雷家骥。他在《武则天传》中说：“因哀伤而感风瘵。”风瘵即风疾，是因身体虚弱和劳累造成的，别名叫“头眩”。持这种观点的学者，还从医学上找到了理论依据。他们据《鸡峰普济方》记载：“头眩者，谓身如旋转，不能仰，仰则欲倒，头重不能举，至有视物不正，或身如车舡上。此由肝虚血弱而风邪乃生，盖风气通于肝，诸风掉眩皆属于肝，其脉左右关上虚眩，谓之风眩。”这种头眩病，与西医上的脑血栓的形成极为相似。因此，一些学者便认为，高宗的“风眩症”就是今日所说的脑血栓，唐太宗也得过类似的病症，只是后来治愈了。张维慎仔细考察了唐太宗和唐高宗的理疗方法，指出了这种头眩病，有减负疗法、饵药静养法、避暑疗养、温泉疗法、针刺放血疗法等方法。

癫痫病说。持此种观点的学者也较多。他们在孙思邈《千金药方》中寻得了理论依据：“痰热相感而动风，风心相乱则闷瞀，故谓之风眩。大人曰癫，小儿则为痫。”认为孙思邈记载的“风眩症”就是现在所说的癫痫病。但是，癫痫病似乎是一种局部意识缺失情形下的精神病，多与脑部问题相关。那么，为何正史一直记载唐高宗是头晕、视力模糊？他们认为，这只是为了避嫌而采取的美化说法，唐高宗患的“风眩症”就是癫痫病。

高血压说。坚持这种观点的学者，主要是从现今医学上的临床表现定位的。他们的依据是，高血压的发病率一般是在三十五岁左右。唐高宗出生于贞观二年（628），史书记载唐高宗首次发病是在显庆五年（660），时年三十三岁。从年龄上来看，与高血压基本吻合。“风眩症”和高血压的临床表现极其相似，都表现为头痛、头晕、眩晕，严重时会发生神志不清、抽搐。当然，高血压也会诱发中风、心梗等疾病。

那么，唐高宗所患的“风眩症”，到底是脑血栓还是癫痫病，抑或是高血压？时至今日，仍然是一个谜。

武则天家世之谜

武则天是中国历史上第一位也是唯一的女皇帝。围绕着她的研究，历来是学术界的一个热点问题。武则天登基后，令李峤修撰《攀龙台碑》，目的是美化其父武士彟。对此，不少学者就提出了疑问，武则天为什么要美化自己的家世呢？难道其中另有隐情？

唐代著名诗人骆宾王是最早谈论武则天家世的文人，他认为武则天的家世其实就是“地实微寒”。当我们翻开武则天的家谱，像周文王、周平王的名字赫然在列。难道武则天真是周文王的后代？民间有一种传说，周平王出生时，手掌上有“武”字的胎印，于是他们的后代便以此为姓。武则天自认是西周王室后裔，在她登基后，追封周文王为始祖文皇帝、周平王小儿子姬武为睿祖康皇帝。很多学者认为，历代开国皇帝喜欢攀附之前的豪门大族或帝王亲系，武则天此举无疑是欲盖弥彰，目的是掩饰其家世卑微的真相。

从文献记载来看，武则天之父武士彟是山西的木材商人，祖籍蕲县（今安徽宿州南）。武士彟的六代祖名洽，是魏国的平北将军、五兵尚书，被封晋阳公，从此举家迁至山西文水。五代祖神鬼，曾任国子祭酒。高祖克己，官至大中正、越王府长史。曾祖居常，北齐镇远将军。祖父武俭，后周永昌王咨议参军。父武华，隋东郡丞。据此，有学者认为，武士彟算是官宦之家，应该是庶族子弟。

对于武则天母亲杨氏的家世，学术界也有两种截然不同的观点。有的学者认为，武则天的母亲杨氏出自隋代名门望族弘农杨氏家族，她是杨隋皇室的亲戚，门第显赫。武士彟这样一个商人出身的暴发户，能够娶到杨氏为妻，是因为隋亡而杨氏家族正在衰微，再加上唐高祖亲自主婚。如此看来，在武则天的血统中有一半的贵族血统。然而，近年来有学者提出了不同的观点，认为武则天母亲杨氏的出身是伪造的，理由是武则天当上皇帝后，杨达的儿子并没有得到舅舅的待遇，由此可以推断，杨氏不是隋宗室杨达之女，很可能是一个出身卑微的女子，甚至是杨达家中的侍女、乐妓之类。

武则天的家世不管是从父系来看，还是从母系来看，都存在着异说，究竟实情如何，看来仍有待深入研究。

武则天出生于何地

武则天是一位赫赫有名的女皇帝，据两《唐书》载，她的籍贯在并州文水（今山西文水东）。然而，武则天的出生地究竟在哪里？对此人们颇有异词，成了一个长期争论不休的悬案。

一、四川广元说。唐朝李商隐《利州江潭作》的诗题下，有作者自注："感孕金轮所。"什么意思呢?《太平御览》卷一八四曰："顺圣皇后庙，在州西告成门外。旧碑云：'其母感溉龙而生后，庙号则天金轮皇帝。'"明代胡震亨《唐音癸签》卷二十三《李商隐》条引《蜀志》曰："则天父士彟为利州都督，泊舟江潭，后母感龙交，娠后。"原来，李商隐依据的是一个民间关于龙潭的传说：有一天武都督的夫人杨氏去潭边玩，忽然潭中跃出一条金龙，和她交欢，杨氏因此有孕而生下武则天。从李商隐的自注来看，距离武则天之死仅一百多年，他是肯定武则天生于利州（治今四川广元）的。

1955年修宝成铁路时，发掘出《大蜀利州都督府皇泽寺唐则天皇后武氏新庙记碑》一通，立于五代十国时的后蜀广政二十二年（959），为孟昶所撰。碑文中提及武则天的身世，云："贞观时，父士彟为都督于是□□□后焉。"所残三字似可补作"州，始生"，这样就为武则天生于利州找到了更加充分的根据。

考察四川广元境内至今留存的武则天遗迹，又可使人自然联想到武则天与广元有特殊的关系。如广元有以武则天名字作地名的“则天坝”、武则天孩提时的梳妆楼（1958 年被毁）、武则天常去朝香拜佛的“千佛崖”、嘉陵江畔皇泽寺内五代时刻成的武则天圆雕石像等等。当地妇女还要在传说的武则天生日（农历正月二十三日）游河湾，以示

● 武则天（《三才图会》）

纪念。

二、京城长安说。此说认为，李商隐的诗及注，源自一个民间传说，虽然颇为神奇，说来也娓娓动听，但若作为信史来看，就有些荒诞了。广元地区有关武则天的传说和遗迹不少，至多只能说明武则天随父到过此地，而不能说明武则天就出生在利州。持“广元说”者据己意补入《武氏新庙记碑》的三个残缺字，然后依此进行主观推论，其可靠性是令人怀疑的。

据史书记载，武则天大约生于高祖武德七年（624），那时其父武士彟应在工部尚书任上。也就是说，他和夫人杨氏一起住在长安。武德末年先后是李孝常、罗寿、武士彟任利州都督，事在太宗贞观初年。所以，武则天不可能先于其父任职利州时生在利州，她的出生地点，最大可能性应是在长安，而不大可能在四川广元，或其他什么地方。

上述两说各执一词，孰是孰非，需要继续研究。

武则天
篆刻 郑英旻

武则天造字之谜

武则天是中国历史上唯一的一位女皇帝，她生性聪慧，才华横溢，十四岁时被唐太宗召为才人，后又得高宗宠爱，以昭仪的身份，击败王皇后和萧淑妃，登上皇后宝座。这样的青云直上，除了她的美貌和善于邀宠之外，她的才能和手段应是她获得成功的重要条件。因此，在弘道元年（683）唐高宗给太子的遗诏中，会有“军国大务不决者，兼取天后进止”的重托。而武则天参政后，也确实有一系列不凡的举措，如奖励农桑、兴修水利、整顿田制、加强边防、发展科举制度等等，从而发展了“贞观之治”。自然，她也有“弊政”，如任用酷吏，滥杀无辜、崇信佛教、奢侈浪费等，还有一个就是好大喜功，自以为功业盖世，任意改换制度来显示自己的权势和地位，如她执政不到二十一年，却改换了十六次年号；又如她自喻是当空之日月，造“曌”字而自名。

许多轶文、小说都说“曌”字是武则天自己创造的，经过历代文人的渲染，这种说法已经深入人心，但是，在史籍中又是如何记载的呢？

《资治通鉴》则天皇后天授元年十一月：“太后享万象神宫，赦天下。始用周正，改永昌元年十一月为载初元年正月，以十二月为腊月，夏正月为一月……凤阁侍郎河东宗秦客，改造‘天’‘地’等十二字以献，丁亥，行之。太后自名‘曌’，改诏曰制。秦客，太后从父姊之子也。”胡三省作注的时候细心地把宗秦客所造的十二个字一一开列：照为“曌”，天为“𠀑”，地为“埊”，日为“𡆠”，月为“囝”，星为“〇”，君为“𠺞”，臣为“𢘑”，人为“𤯔”，载为“𡕀”，年为

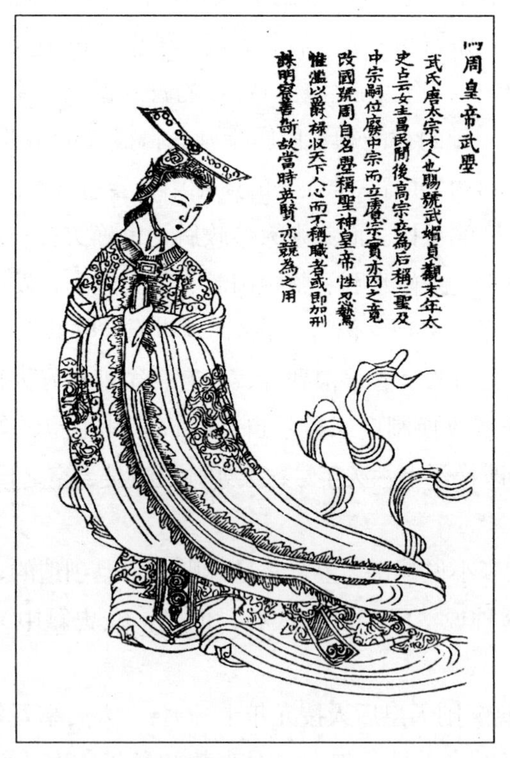

● 武则天（《无双谱》）

“𠦚”，正为“𠙺”。并且说明，“改诏为制”是为了避武则天名“曌”字的讳。原来，是武后的一个亲戚宗秦客为了讨好她，挖空心思、别出心裁地造了十二个怪字，进献给这位“神皇”，而武则天正愁没有显示自己的盖世功业的独到的方法，觉得“曌”字很能表现自己“当空之日月”的身份地位，就取作自己的“御名”。可能是觉得仅用一个新字太孤单，干脆将十二个新字一起推广行于世。

《旧唐书·则天皇后纪》的记载是：“载初元年春正月……神皇自以‘曌’字为名，遂改诏书为制书。”显然也没有关于武后自己造字的明确记载。

由此可认为：武则天虽然选用并推广了新字，但新字却并非武则天所造。遗文轶事传说虽广，然作为历史名人的事迹，还是有一证其误的必要。

大雁塔有几层

大雁塔即慈恩寺塔，坐落于今陕西省西安市和平门外。唐高宗永徽三年（652），为贮藏高僧玄奘从印度取回的经像而建造，最初是五层，现存为一座七级方塔。大雁塔几经战火破坏，又屡次修葺，前后层次有过变化，于是出现了三种不同的看法。

一说，武则天时重修，增高为十层，后经兵火破坏，只存七层，高 64 米。那么，何时成为七层的？唐玄宗天宝十一载（752）秋，岑参、高适诸人曾同登大雁塔赋诗，其中岑参有诗云："四角碍白日，七层摩苍穹。"(《与高适薛据同登慈恩寺浮图》) 说明至迟在天宝十一载，塔高已经是七层了。

二说，武则天长安年间（701—704），曾用青砖改修成方形楼阁式的七层，登塔攀梯也改成盘道。代宗大历年间（766—779），才改建成十层，后经战火破坏，剩下七层。此说的主要根据，是唐代诗人章八元《题慈恩寺塔》诗："十层突兀在虚空，四十门开面面风。却怪鸟飞平地上，自惊人语半天中。回梯暗踏如穿洞，绝顶初攀似出笼。落日凤城佳气合，满城春树雨濛濛。"章八元是睦州桐庐（今属浙江）人，代宗大历六年（771）进士及第，德宗贞元时（785—805）曾为句容主簿。又唐人高仲武编《中兴间气集》，收录章八元的《新安江行》，"间气集序”曰：“起自至德元首，终于大历暮年，作者数千，选者二十六人。”这样看来，章诗作于岑诗之后，似无疑问。大约在大历年间，大雁塔改建成十层，所谓“十层突兀在虚空，四十门开面面风”。

三说，大雁塔经武则天时期改建后，一直是一座七层塔，所谓大雁塔曾被改建为十层的说法，乃后人附会臆测出来的，纯属子虚乌有。以上两说的主要根据，或为唐人岑参和章八元的诗句，岑参的“四角碍白日，七层摩苍穹”数字较散，但比较写实，而章八元的“十层突兀在虚空，四十门开面面风”都是整数，读来上口，颇具律感，就如同杜牧《江南春》诗句“南朝四百八十寺”一样，其所用数词应是约数而非实数，不必过于拘泥。

考察北宋宋敏求所撰《长安志》，并未说明武则天时改建大雁塔为几层，而稍晚的张礼却在《游城南记》中指出，武则天时大雁塔曾重加营建至十层。张礼游而作记，其考证的广博和可靠性，显然不及宋敏求，也许张礼的依据就是章八元的诗，则更值得怀疑了。此外，如果说大雁塔由十层减为七层，那么从现存塔的上下收率来看，若上面再加三层，最高的一层塔身将很小，整座塔的轮廓会形成一尖锥状体，这与我国古代一般楼阁式砖塔的形象明显不符，与我国古代建筑追求相对舒展、深远的屋盖相去很远。

上述诸说中，前两说流传较广泛，第三说后出，却不无道理。大雁塔层次知多少？看来仍难确定。

孝敬帝死因之谜

孝敬皇帝李弘是唐高宗第五个儿子，也是武则天所生的长子。李弘曾登上太子的宝座，却在高宗上元二年（675）四月随父皇、母后游幸洛州合璧宫时，突然死于宫中绮云殿。年仅二十四岁的李弘不以寿终，给后世留下了一个疑问，他究竟是怎么死的？

传统的观点依据《旧唐书》《新唐书》《唐会要》等历史文献记载，认为李弘是被母后武则天鸩杀的。其理由是：一、李弘深得父皇高宗的钟爱，立为太子后，仁孝谦谨，礼接士大夫，中外属心。时高宗出幸东都，尝命李弘留京师监国。咸亨四年（673）八月，高宗因病还令李弘受诸司启事，实习朝政。这一切表明，高宗虑及自己身体不支，有禅让太子之意。而武则天眼见儿子长大成人，又很能干，有碍自己夺取王位，故派人把李弘鸩杀了。《旧唐书》卷一一六《承天皇帝倓传》曰："天后方图临朝，乃鸩杀孝敬。"是有道理的。二、李弘与武则天之间的确有矛盾，主要反映在两件事上：第一件事发生在咸亨二年，时李弘留在长安监国，发现宫中幽闭着他的两个同父异母的姐姐义阳、宣城公主，她俩为武则天情敌萧淑妃所生，此时已是三十多岁的老姑娘了。李弘怀着恻隐之心，奏请父皇恩准她们出嫁，岂料这事违背了母后的旨意，武则天非常气愤，马上把两位公主许配给了卫士。由于太子奏请数迕旨，最终失爱于母后。第二件事是太子选妃未能如愿。原来，太子妃初选的是司卫少卿杨思俭的女儿，望族出身，书香门第，又有殊色。可是，就在定下婚期后，姑娘竟被武则天外甥、韩国夫人子贺兰敏之“逼而淫焉”，婚事被荒暴地破坏了。这就造成李弘同母后娘家人的宿怨，加深了母子感情的裂痕。李弘对抗武氏家族，武则天当然不会容忍。

然而，有人提出不同的看法，认为李弘并不是武则天杀害的，而是死于肺结核病（古代称痨瘵）。其根据是：一、有关鸩杀李弘的记载，以《唐会要》和《新唐书》最肯定，但两书晚出，所据或为后世的传说，或为间接的史料，并不能作为武则天鸩杀李弘的直接佐证。宋朝史学名家司马光称：“《实录》《旧传》皆不言弘遇鸩。”显见“鸩杀说”值得怀疑。二、李弘奏请出降萧淑妃之女，尽管不合母意，但这一举动无论如何也达不到威胁武则天当政的地步。实际上，武则天闻讯只是“即以当上卫士配之”了事，根本没有结怨杀子的理由。况且，李弘奏请事在高宗咸亨二年，距

唐代仕女
（新疆阿斯塔那出土绢画）

离他的死期上元二年，隔四个年头，武则天不会记恨四年才想到杀子。三、武则天自高宗显庆五年（660）就已参与百司奏事，大权在握，时称“二圣”。太子李弘即使监国，也难以构成对武则天的威胁。四、早在咸亨二年，李弘就因痨瘵缠身，不能胜任监国重任。时隔四年，当他死后，高宗在《赐谥皇太子宏孝敬皇帝制》中说，李弘自立为太子后就染上痨瘵，又接受父君之命，带病理政，以致操劳过度，使旧病加剧，最终病卒。很清楚，李弘是痨瘵恶化而死。五、对于武则天来说，她虽不一定精通医术，但痨瘵是不治之症应是了然于心的，没有必要去加害一个将要死去的亲生儿子。事实上，李弘死后，武则天曾用写经造功德的形式为他祈福，表达了内心的哀伤。

裴炎因何被杀

武则天光宅元年（684）十月，宰相裴炎遭杀身之祸，被处斩于洛阳都亭，朝廷为之震动。那么，裴炎究竟死于何因?

一说裴炎因谋反被杀。唐人张鷟在《朝野佥载》中，记述了一个精彩的故事："裴炎为中书令，时徐敬业欲反，令骆宾王画计取裴炎同起事。宾王足踏壁，静思食顷，乃为谣曰：'一片火，两片火，绯衣小儿当殿坐。'教炎庄上小儿诵之，并都下童子皆唱。炎乃访学者令解之，召宾王至，数啖以宝物锦绮，皆不言。又赂以音乐、女妓、骏马，亦不语。乃对古忠臣烈士图共观之，见司马宣王，宾王欻然起曰：'此英雄丈夫也!'即说自古大臣执政，多移社稷，炎大喜。宾王曰：'但不知谣谶何如耳。'炎以谣言片火绯衣之事白，宾王即下，北面而拜曰：'此真人矣!'遂与敬业等合谋。扬州兵起，炎从内应，书与敬业等合谋，唯有'青鹅'字。人有告者，朝廷莫之能解，则天曰：'此青字者，十二月；鹅字者，我自与也。'遂诛炎。"著名学者郭沫若相信《朝野佥载》的记载，在《我怎样写武则天》一文中提出，裴炎为人实际上并不光明磊落，《旧唐书·裴炎传》说他"虑浅见迟"，《新唐书·裴炎传》也称"议者恨其媢克"。所以，裴炎外结徐敬业谋反篡位的罪状成立，终招杀身之祸。

一说武则天意欲专政，对于异己大臣裴炎，必然不能容忍，遂以莫须有的罪名大开杀戒，这才是裴炎被杀的真正原因。此说以吴震《是谁杀死了李贤》和赵光贤《裴炎谋反说辨诬》为代表，认为《朝野佥载》虽出较早，但小说成分居多，所载如裴炎谋反一类的事缺乏事实根据，如果说有根据的话，不外武氏党的诬陷。《新唐书》《旧唐书》以及《资治通鉴》均不采裴炎谋反的说法，这些史书虽成于《朝野佥载》之后，但应当是比较可信的。

据《旧唐书·裴炎传》记载，唐中宗李显被废为庐陵王，是裴炎与武则天的合谋。徐敬业起兵时，既以匡复庐陵王为辞，裴炎显然不可能参与其谋。同时，徐敬业、骆宾王既然以扶助庐陵王恢复帝位为号召，又怎么会“北面而拜”，拥立裴炎为帝呢？至于身为当朝宰相的裴炎，只凭骆宾王的几句歌谣，就妄想称帝，不近情理。裴炎与武氏党确有矛盾，主要表现在反对诛唐宗室、立武氏七庙、追王武氏以及请武则天归政于睿宗等事情上，也就是说，裴炎心里不满武氏党，反对武则天专政，但并没有与徐敬业、骆宾王等合谋的实际行动，更谈不上自己想当皇帝。

裴炎之死的真正原因是什么？上述两说虽有所推断，仍有必要进一步探讨。

章怀太子究竟是怎么死的

唐章怀太子李贤（654—684），字明允，武则天所生，高宗的第六个儿子。李贤自幼“容止端雅”，小小年纪就已读了《尚书》《礼记》《论语》等，过目不忘。可是，他命运坎坷，曾受命以太子身份监国，又被武则天废为庶人，流放到巴州（今四川巴中）。武则天光宅元年（684），左金吾将军丘神勣奉命赴巴州“探视”，逼令其自杀。今人见到的乾陵章怀太子李贤陪葬墓，是中宗神龙年间（705—707）迁回灵柩后重新安葬的。那么，章怀太子究竟是怎么死的呢？

● 侍女（章怀太子墓壁画）

一说李贤与母后争权，被武则天杀害。李贤聪明好学，处事果断，在士人中有一定声望。高宗上元二年（675）六月，在其兄李弘死后一个月，李贤被立为太子，他的才能颇得父皇赏识，屡次命他监国。李贤地位的上升，严重妨碍了母后武则天篡权称帝，当然令她不安。李贤曾组织一批名儒注释《后汉书》，尽管得到父皇的褒奖，但也引起母后的猜疑，因为《后汉书》载有后汉大权落入皇后和外戚之手的史事，带有讥讽时政之嫌。武则天为了控制李贤，曾命北门学士撰《少阳政范》和《孝子传》给他读，还“数作书以责让贤”。可是，李贤并不顺从，双方矛盾终于在明崇俨死亡一事上公开化。明崇俨通文学、医道，经常借神道指陈时政，深得武则天的信重。高宗仪凤四年（679）五月的一天夜里，明崇俨突然遇刺身亡。四天后太子李贤监国。案不能破，武则天怀疑是李贤派人刺杀的，便找了一些微不足道的小事，下令搜查东宫，居然在马坊查获皂甲数百领。这样，李贤有口难辩，被武则天废为庶人，幽禁起来，随后流放到距京师两千三百里的巴州。李贤在流放地作过一首《黄台瓜辞》，曰：“种瓜黄台下，瓜熟子离离。一摘使瓜好，再摘使瓜稀，三摘犹为可，四摘抱蔓归。”诉说了内心对武则天难以抑制的怨愤。如此看来，母子争权导致李贤被废，并最终死于巴州。

一说李贤非武则天所生，难免被杀的厄运。据《旧唐书·高宗纪上》记载，永徽五年十二月十七日（655 年 1 月 29 日）武则天生李贤于去昭陵的路上，是早产。由于武则天在上年年初生下了李弘，此后又生过一女，即被她亲手扼杀的长女，在两个年头里生三个孩子，况且李贤为不足月早产，又是数九寒天在路上，所以那个在拜谒昭陵路上所生的不足月孩子，可能并未活下来。《旧唐书·章怀太子贤传》记有当时宫人私下里的传说："贤是后姊韩国夫人所生，贤亦自疑惧。"作为替身的李贤，原来是武则天姐姐韩国夫人之子。韩国夫人早年守寡，因武则天而入宫，得幸于高宗。如果武则天小产孩子死了，正巧这前后韩国夫人也临盆生子，那么悄悄地抱来私生子顶替，也是可能的。李贤问世仅一个月，父皇就给他封王，急急忙忙要确定小孩的身份地位，也似有什么缘故。武则天起初不会反对这种安排，多一个儿子只会使她在后宫的地位更加优越。当李贤成年后，武则天越来越不放心这位非己所生的儿子，对立他为太子，就显得很勉强。当李贤知道了自己出生的秘密，他自然难免被废、被杀的结局。

马球图（章怀太子墓壁画）

一说李贤被大臣裴炎谋害致死，郭沫若在《我怎样写武则天》一文中首创此说，认为武则天遣丘神勣赴巴州，是想召回已悔过自新的李贤，有意起用他。而大臣裴炎蓄谋篡取天位，必定阻止太子返归。所以，李贤之死，使人自然联想起是出自裴炎的篡权阴谋。

一说李贤是遭谗言，而被武则天屈杀的。此说认为，丘神勣是杀害李贤的凶手，武则天则是幕后指使者，这是无可置疑的。至于裴炎，即使有那种野心，他不设法杀掉当时住在京城的李显（中宗）、李旦（睿宗）以及武则天和忠于李唐王朝的宫廷大臣，却要煞费心机地到遥远的四川去杀害一个早已被废为庶人的李贤，实在无法解释，结论只能是裴炎与李贤之死毫无关系。进一步引证1972年出土的《章怀太子李贤墓志铭》，从文中所用汉武帝听信江充谗言杀害太子刘据，晋惠帝听信贾后谗言废掉愍怀太子司马遹，晋献公听信骊姬谗言杀害申生等典故来看，显然暗示李贤是遭谗言而被母后武则天屈杀的。

● 马球图（章怀太子墓壁画）

《客使图》中的客使缘何入唐

唐章怀太子墓于1972年发掘。墓中面积达400平方米的五十多组壁画着实让考古界、历史界和美术界兴奋了一阵子。因为这些壁画不仅大大丰富了唐代绘画的内容，也为研究唐代社会生活提供了珍贵的形象资料。而《客使图》不但是难得的人物壁画佳作，它所表现的内容，更引起人们极大兴趣。

《客使图》有两幅，分布在墓道的东、西两壁。东壁画中共六人，表现在唐朝文职官员的引导下，外族使者准备参谒的场面。左侧三人为唐朝文官，他们均头戴笼冠，身穿黄色长袍，束腰带，足踏朝天履，面带一种符合身份的持重和严肃。三人围成一圈，似乎正在议事。右面三位是等待参谒的使者：其中头戴红绿相间羽冠，身穿大红翻领宽袖短白袍，足登黄靴者，可能是高丽使者；头戴皮帽，圆脸无须，上穿圆领灰大氅，下着皮裤，足登黄皮靴，束腰带者，显然来自寒冷地区；而光头、浓眉高鬓、深目阔嘴，身穿翻领紫袍，黑靴，双手叠置胸前者，可能来自西域或欧洲。三人表情庄重，从其站姿和神态可以见出。在这一队人的前边，又是三位身穿礼服、雍容文雅的唐朝官员，均头戴黑色介帻，上身穿宽袖红服，衣服领口、袖边镶黑边，下着白色长裙，裙外系白色裙裳，裙裳下摆饰黑色裙裾，腰间束宽革带，腹前垂蔽膝，足登黑色笏头靴。

西壁《客使图》也是六人，由南至北第一人为高鼻深目，络腮胡，头戴胡帽，身穿大翻领窄袖灰色长袍，内着红衬衣，黑靴，手持笏；第二人高髻束于脑后，穿圆领窄袖红长袍；第三人短发梳于脑后，穿圆领窄袖黄长袍，束腰带，腰带上系一短刀，手中持笏；四、五、六人均头戴幞头，身穿圆领宽袖长袍。

自面世时起，写实作品《客使图》所表现的是什么内容的问题，就在学术界争论不休。

一部分学者认为，《客使图》所描绘的是章怀太子李贤死后举行葬礼时，前来谒陵吊唁的外国客使。据《新唐书·礼乐志》记载，李唐皇室族人举行婚祭丧葬大礼时，均要求客使前来参加。这些客使有来自外国的，也有少数民族首领。不同的人在葬礼中所站的位置不同。以谒陵仪式看，应该是皇帝在前，百官、行从、宗室、客使随后一同前往。到陵园寝宫，百官、行从、宗室、客使分别列于神道左右，“行事官及宗室亲五等，诸亲三等以上并客使之当陪者就位”。昭陵北司马门内十四位诸君长石像，乾陵朱雀门内神道两旁六十一位客使石像，都是当时参加葬礼的众宾客的真实写照。存世石像生印证了史籍记载，《客使图》的布局，又符合史记。这就是认为此图描绘的是客使前来参吊李贤的推论，至今美术界都赞同这一观点。

但又有学者作了深层次研究，提出了新的看法，认为《客使图》所表现的并不是什么谒陵吊唁，而是反映李贤生前的活动场景。论者从唐代典章关于服装的规定中发现，唐代官员有四种官服，即冕服、

● 东壁《客使图》

朝服、公服和常服。不同官服组合不同，穿戴场合也不同。如朝服由冠、帻、缨、绛纱单衣、白裙襦、革带等近二十种配制组成。这套朝服是一品以下，五品以上的官员，在陪祭、上朝、拜表时穿装。在丧葬大礼中，按照规定，帝王、官员们都要穿素服，即戴黑介帻，穿白色衣裙，配素袜，踏黑履。而《客使图》里的官员都穿着红色上衣，显然与葬礼场合应该穿的服装不合，此为其一。其二是，墓室中的壁画，实际上所反映的是墓主生前的生活内容。如同墓发现的《马球图》《仪仗图》等都是李贤生前的活动写照。在这样的大环境中，插入一幅吊唁他的《客使图》很不合乎逻辑。所以准确地说，《客使图》所表现的，是门下省官员慰劳朝见的外国使节，引领他们去拜见皇帝的场面。

这两种观点各有各的道理，亦均需要进一步探求。前者认为是吊唁李贤不是没有道理。因为李贤是被其生母武则天流放巴州，迫不得已自杀的监国太子。他的死引起很多人同情，也许壁画作者就想通过这种“客使前来吊唁”的形式，表达一种对李贤无辜丧命的哀思吧。后者看法也在情理之中。其实还有一种推测，《客使图》表现的是吊唁场景，但吊唁对象不是李贤，而是李贤在京城受重任参加某一次谒陵时的情形。孰是孰非，总有一天会有定论。

西壁《客使图》

陈子昂是被害致死的吗

唐初诗人陈子昂，字伯玉，是奋力开拓唐诗发展道路的杰出先驱，他的一首《登幽州台歌》:“前不见古人，后不见来者。念天地之悠悠，独怆然而涕下。”蕴含着丰富的内容，千百年来广为流传。陈子昂的一生刚正不阿，追求贤明政治，所作的《感遇》诗，指斥时弊，风格清峻，赢得后世的称颂。然而，陈子昂仅活了四十二岁，便死于非命，人们不禁要问，他到底死于何因?

据陈子昂生前好友卢藏用《陈子昂别传》及《新唐书》《旧唐书》记载，陈子昂是被贪婪残暴的射洪县令段简迫害致死的。武则天圣历元年（698），在朝中任右拾遗的陈子昂上表，以父老乞罢职归侍。武则天下诏允许他带官返乡，仍领右拾遗薪俸。是年秋，陈子昂回到家乡梓州射洪（今四川射洪西北）。次年七月，陈子昂之父元敬病故，十月，陈子昂葬其父于射洪武东山南的石佛谷中冈，并为之撰碑。守丧期间，他哀哭不止，气息欲绝，健康受到严重损伤。就在此时，县令段简“闻其家有财，乃附会文法”，罗织罪名，欲加害陈子昂。陈子昂惶惧，不得不使家人送交二十万缗钱，段简仍嫌太少，多次派吏用车子把病弱不堪的陈子昂拉到县衙传问审讯，进而定罪下狱。陈子昂自度难保性命，忧愤至极，“杖不能起”，含冤死在狱中。可是，陈子昂是带官归侍，且得到武则天的许可，区区县令段简岂有随意加害之理？由此看来，陈子昂之死，需要另找原因。

唐代宗大历六年（771），赵儋代梓州刺史鲜于叔明撰写的《为故拾遗陈公建旌德之碑》曰："及军罢，以父年老，表乞归侍。至数月，文林（陈元敬曾任文林郎）卒。公至性纯孝，遂庐墓侧，杖而后起。柴毁灭性，天下之人莫不伤叹。年四十有二，葬于射洪独坐山。"由此碑文可知，陈子昂至性纯孝，为父守丧庐于墓侧，悲伤过度而死，他人加害的可能性并不存在。

然而，唐朝文人沈亚之在《上九江郑使君书》中，却将陈子昂之死同武三思挂起钩来，曰："乔（知之）死于谗，陈（子昂）死于枉，皆由武三思嫉怒于一时之情，致力剋害。一则夺其妓妾以加憾；一则疑其摈排以为累，阴令桑梓之宰拉辱之，皆死于不命。"沈氏认为，武三思怀疑陈子昂摈排，指使县令段简直接加害，以致陈子昂惨死狱中。明代文学家胡震亨也信从这种说法，在《唐音癸签》中说："尝怪陈射洪以拾遗归里，何至为县令所杀。后读沈亚之《上郑使君书》……始悟有大力人主使在，故至此。"武三思和段简上下串通谋害陈子昂，则陈子昂只能仰而号曰："天命不佑，吾其死矣！"

隋唐史学家岑仲勉经过考证，提出另一种观点。他在《陈子昂及其文集之事迹》一文中说："以武后、周（兴）、来（俊臣）之淫威，子昂未之惧，何独畏夫县令段简？……余由此推想：谓子昂家居时，如非有反抗武氏之计划，即必有诛讨武氏之文字，《别传》所谓'附会文法'，匣剑帷灯，饶有深意。唯如是，斯简之敢于数舆曳就吏，于昂之何以惧，何以贿，均可释然。及不堪其逼，遂一死谢之。”葛晓音《关于陈子昂的死因》一文对岑先生的推想进一步作了论证，认为陈子昂撰写的《我府君有周居士文林郎陈公墓志文》或许就是招祸的直接原因，碑文中“青龙癸未，唐历云微”“大运不齐，贤圣罔象”等语，可能犯了武则天的大忌。段简正是抓住这个把柄，以碑文附会律法，以死罪相威胁，终使陈子昂在劫难逃。

可是，仍有人提出不同的看法。彭庆生作《陈子昂诗注》，并编修了陈子昂年谱，在谈及陈子昂的死因时，反驳岑仲勉的观点。认为推想陈子昂有反抗武则天之计划或文字，未免凿空。若陈子昂确有其事，段简必然上奏，断无权擅自处理，而《陈子昂别传》也不得言“附会文法”。

围绕陈子昂的死因，人们提出了诸种不同的看法，究竟何种解释更接近于历史真相，仍有待进一步研究。

吕祖墓地在哪里

被道教徒奉为“吕祖”的吕洞宾，名嵒，一作岩，号纯阳子，唐京兆（治今陕西西安）人，又传为河中府（治今山西永济西南）人。据说，唐武宗时吕洞宾曾两举进士不第，于是浪迹江湖，后隐居终南山修道，自称“回道人”。宋元以后，吕洞宾被尊为全真道北五祖之一，有关他的神奇故事在民间广为流传，成为“八仙”之一。

吕洞宾的墓地，世代相传在山西省芮城县永乐镇永乐宫门外东约200米处，那里有高大的墓冢，立有元朝刻的“大唐纯阳吕公祖墓”石碑，向为世人所敬仰。又据元朝泰定元年（1324）所建的《重修纯阳万寿宫碑》，吕洞宾为永乐镇东北招贤里人，生于唐德宗贞元十二年（796）。《永济县志》也说，吕洞宾故宅在县南一百二十里的永乐镇，唐在此建吕公祠，元世祖中统三年（1262）改为永乐宫。由此看来，吕洞宾的墓地在故乡永乐宫，并无疑问。

1959年12月至1960年1月山西省文物考古部门对“吕祖墓”进行发掘清理，其结果却令人迷惑不解。吕洞宾墓室仅有一具已朽烂的松木棺，内合葬着一男一女，男左女右，均仰身直肢而卧，头向北方。更为奇怪的是，在女尸身边及口中所发现的七枚铜钱，都是宋代通行的钱币。经考古鉴定，死者大约落葬于宋仁宗天圣年间（1023—1032）

或其后，这与吕洞宾生存的时间相差了二百年，且从骨架排列的完整情况推测，也不是两次迁葬墓。可见，永乐宫“吕祖墓”多少年来愚弄了世人，它既非吕洞宾之墓，也非道士之墓，而是一座夫妇合葬墓。

然而，“吕祖墓”附近另有元朝全真教天师宋德方（即披云真人）和永乐宫主持潘德冲（即冲和真人）两座墓，考古发掘证明死者与墓主相吻合。那么，“吕祖墓”为什么是假的？真墓在何处呢？碑志记载的根据又是什么？看来，只能有待考古的新发现。

永泰公主究竟死于何因

在唐高宗和武则天合葬墓乾陵东南约0.75千米处，有一座特别引人注目的陪葬墓，埋葬着一位薄命公主，就是中宗李显的女儿、高宗和武则天的孙女永泰公主李仙蕙。然而，年仅十七岁就夭折的永泰公主，究竟死于何因呢？

据两《唐书》、《资治通鉴》记载，永泰公主与其夫武延基（武则天之侄孙）及其兄懿德太子李重润等，由于不满得幸于武则天的男宠张易之、张昌宗兄弟的胡作非为，私下议论，触怒了武则天，所以招致杀身之祸，于大足元年（701）九月壬申被逼令自杀。

可是，有人考释1960年9月出土的《永泰公主墓志铭》后，竟发现永泰公主的死因与史书所说全然不同。从墓志铭中“自蛟丧雄锷，鸾愁孤影，槐火未移，柏舟空泛”来看，是隐喻武延基被杀，永泰公主为他守寡而孤独地生活着，并未同罹其害。墓志铭还有一段有趣的文字，说：“（永泰公主）珠胎毁月，怨十里之无香。琼萼凋春，忿双童之秘药。女娥篪曲，重碧烟而忽去。弄玉箫声，入彩云而不返。呜呼哀哉！以大足元年九月四日薨，春秋十有七。”这就清楚地告诉人们，永泰公主不是武则天直接害死的，而是由于怀孕患病致死。因此，旧史书的记载应予否定。

还有人基本上接受对墓志铭所作的考释，但仍坚持传统的观点，认为造成永泰公主等死亡的首要原因是武则天的加害，而永泰公主怀孕患病则是次要原因。其理由是：一、史书记载武则天杀李重润、永泰公主及武延基于“九月壬申”，即九月初三，这个时间仅仅比墓志铭所记永泰公主死日“九月初四”早一天，故不能说永泰公主之死与李重润、武延基的事毫无联系。二、尽管唐代律法中有孕妇犯罪可缓刑的规定，但不等于惯用刑杀的武则天对永泰公主免于处死，至多也只是缓刑而已。这恐怕才是墓志铭中“槐火未移”的真正所指。三、永泰公主未遭杀害，却又突然死去，可能是由于其夫被杀，精神受到打击而小产病亡，或者是服毒堕胎而死，也有可能是武则天采取其他手段使她流产而丧生。

关于永泰公主的死因，说法种种，尚难判定。

● 永泰公主墓壁画

乾陵无字碑的歧说

● 乾陵无字碑

关于武则天无字碑“一字不铭”的原因：有人认为是由于武则天自认为功高而无法评说；有人认为是由于武则天自知罪孽深重而无颜立传；也有人认为武则天生前以周代唐，死后又与唐高宗合葬，中宗李显难定称呼，只好用无字碑来回避。总之，不论是哪一说，其前提都是无字碑原本无碑文。

近年，陕西的两位考古工作者田亚岐、高发提出一种全新的见解：无字碑当初立碑时是有碑文的，但武则天的继任者因各种原因不愿铭刻。

乾陵的建筑有对称布局的特点，无字碑和唐高宗的《述圣记碑》是高宗去世时由武则天主持竖立的。武则天还为《述圣记碑》撰写了长达八千余字的碑文，以歌颂唐高宗的文治武功。那么，与之并列的另一块碑自然就是武则天预先为自己准备的“功德碑”了。就武则天的性格而言，她在位时曾一再大兴土木，借机炫耀自己，到了晚年怎么会不想借这块碑而永远为自己歌功颂德呢？况且，武则天比高宗晚死二十二年，她有足够的时间为自己筹划碑文。

如果说上述看法尚属推测的话，那么，田亚岐和高发经反复观察研究后的发现是实证。他们发现，在无字碑的阳面上布满了 4.5 厘米见方的细线刻格子，这些格子一气刻成，整面贯通，从上到下八十四格，从左到右四十四格，虽然经历了一千三百多年风雨的侵蚀，有些格子仍然比较清晰。根据格子的总数算，原先准备的碑文应有三千多字。

目前，无字碑上的后人题刻共有四十二段文字，有的刻在碑阳，有的刻在碑阴，起于宋朝，止于明清，大多是身居要职的朝廷命官亲自题写的。这些题刻前后历时五百三十年，但它们与细线格子都存在叠压关系，也就是格子在前，题刻在后。只有碑的阳面正中偏上的金天会十二年（1134）的契丹文字题刻是将原来碑上刻的格子磨掉后刻上的。从不同的题刻的拓片可以看出，有些是一个格子刻几个字，有的是几个格子刻一个字，这又说明碑上的格子是原先就有的。

既然碑文有条件写就，格子也已经刻成，那么，当时为什么在碑上不刻一字呢？学者们认为这不能单从武则天身上找原因，而要联系当时的政治形势，在其继任者身上去探究。武则天虽然叱咤风云，英雄一世，夺李唐王朝建武周天下，但到了晚年，却是在张柬之等发动政变后被迫让位于李显，恢复国号“唐”的。李显虽然是武则天的亲生儿子，但长期惶恐度日，几番险遭毒手。高宗去世时，李显即位，但不到一年，就被武则天废黜，贬逐出京，整日提心吊胆。他的长子李重润（即懿德太子）、女儿李仙蕙（即永泰公主）都是因为出言不慎而被武则天处死的。况且众所周知，武则天晚年还处心积虑地谋划将皇位传给武家子孙。对这样一个母亲，唐中宗李显如何敬爱得起来呢？他虽不能公开地发泄对母亲的憎恨，但也不愿再对她歌功颂德。于是，只好什么也不说，留下一块无字碑让后人去猜测，去评说。

那么，武则天在世时为自己准备好的碑文到哪里去了呢？学者们推测，极有可能与武则天的《垂拱集》《金轮集》以及其他珍贵史籍图册一起，被埋葬在乾陵的地宫里了。

“无字碑原本有碑文”之说究竟能否成立？难道一定要等到乾陵被发掘的那天才可知晓吗？

骆宾王下落之谜

初唐诗坛四杰之一的骆宾王，婺州义乌（今属浙江）人，七岁能诗，有神童之誉。他一生书剑飘零，沉沦下僚，为人作幕。唐高宗仪凤四年（679），升任侍御史，终因好向武则天上书言事，被诬下狱。获释后改任临海（今属浙江）丞，所以后人亦称他为骆临海。武则天光宅元年（684），仕途失意、郁郁不得志的骆宾王毅然参与徐敬业（唐开国功臣徐勣之孙。唐初徐勣赐姓李，称李勣。敬业起兵时，复本姓）发动的扬州兵变，被辟为艺文令，起草了著名的《讨武曌檄》，历数武则天的秽行劣迹，阴谋祸心，申明大义，备述起兵的目的，以“请看今日之域中，竟是谁家之天下”作结尾，气势非凡，极富号召力。据说武则天看了檄文后，赫然变色，忙问是谁写的，当听说是骆宾王所为，十分惋惜地说：“宰相之过也，人有如此才，而使之流落不偶乎？”扬州兵变才三个月就失败了，唐人郗云卿在《骆宾王文集序》中云：“文明（唐睿宗年号，684）中，与嗣业于广陵共谋起义，兵事既不捷，因致逃遁。”后来《新唐书·骆宾王传》沿用此说，记曰：“敬业败，宾王亡命，不知所之。”骆宾王亡命逃遁，下落不明，竟成了难解的谜案。

一说骆宾王被杀。据《旧唐书·骆宾王传》《资治通鉴》《新唐书·李勣传》记载，兵变失败后，骆宾王等准备入海逃往高丽，抵海陵（今江苏泰州），遇风浪受阻于遗山江中，被部将王那相所杀，传首东都，并牵连全家和族人。骆宾王的世交宋之问在《祭杜审言学士文》中，也言骆宾王“不能保族而全躯”。

一说骆宾王逃匿于今江苏南通一带。据明人朱国祯《涌幢小品》记载，明正德年间（1506—1521）在南通城东发现骆宾王的墓，墓主衣冠如新。此墓后来迁往狼山，遗迹至今犹存。到了清代，陈熙晋在《骆临海集笺注·附录》中又说，雍正年间（1723—1735）有自称李勣三十七世孙的李于涛，曾言家谱中所传，扬州兵变失败后，骆宾王与徐敬业之子同匿邗之白水荡，以后骆宾王客死崇川。骆宾王墓就是徐敬业之子修的。

一说骆宾王逃脱后削发为僧。兵变失败后，官军没有捕获徐敬业和骆宾王，因害怕武则天治罪，便以假充真，函首以献，骆、徐两人后都落发为和尚。据唐朝孟棨《本事诗》记载，宋之问曾在杭州灵隐寺玩月赋诗，吟出两句：“鹫岭郁岧峣，龙宫锁寂寥。”正沉吟续句时，走来一位老僧，听了宋之问的两句诗后，即说：“何不云：楼观沧海日，门对浙江潮？”继而连吟十句诗完篇，句句精妙，吟罢一去不复见。宋之问惊叹不已，向人打听那位工诗的老僧，才得知此僧竟是大名鼎鼎的骆宾王。

一说骆宾王投江水而死。唐人张鷟《朝野佥载》云：“骆宾王《帝京篇》曰：‘倏忽抟风生羽翼，须臾失浪委泥沙。’宾王后与徐敬业兴兵扬州，大败，投江水而死，此其谶也。”就是说，骆宾王最终死于江水之中。

学界对骆宾王下落的争论，主要集中于兵败后骆宾王究竟是死还是生。主死者认为，除《新唐书·骆宾王传》外，其他正史记载都说他是兵败被杀，尤其是宋之问云骆宾王“不能保族而全躯”，更是力证。宋之问与骆宾王本来熟识，后来相逢不会不相识，因此，《本事诗》所言宋之问与骆宾王在灵隐寺月夜联句一事，纯属虚构，根本不可信。主生者认为，《本事诗》虽有缺漏，但尚难排除官军为邀功请赏而用假首级报送朝廷的可能性。郗云卿奉诏搜辑骆宾王遗文，他在《骆宾王文集序》中所言骆宾王“因致逃遁”，必定有据。至于宋之问《祭杜审言学士文》中“不能保族而全躯”那句话，极有可能是在他看了假骆宾王首级后写的。即使宋之问当时看出首级是假，恐怕也未必敢说真话。所以，用宋之问的一句话作为骆宾王兵败被杀的证据，是难以成立的。

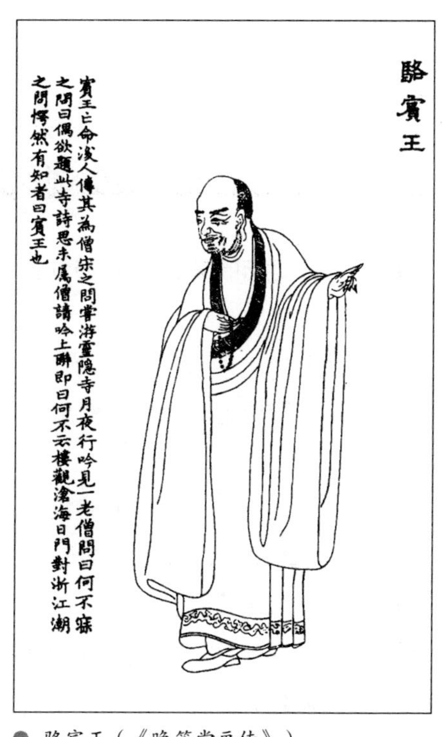

骆宾王（《晚笑堂画传》）

有关骆宾王的下落，由于史籍记载相互矛盾，形成了种种猜测，迄今难以定论。

王梵志及其诗的异说

王梵志的诗，浅显易懂，淡泊悠闲，自成“梵志体”，唐宋时期在民间广为流传，人称：“家有梵志诗，生死免入狱。”然而，究竟有没有王梵志其人？如确有王梵志，他又是何许人呢？由于《全唐诗》未收录王梵志的诗，其他史籍记载又都隐约其辞，致使长期以来歧议纷纭。

传统的说法颇具神秘色彩，称王梵志生于西域林木之上，因而得名。唐朝范摅在《云溪友议》中说：“梵志者，生于西域林木之上，因以梵志为名。”五代冯翊《桂苑丛谈》的描述更加形象生动，云：“王梵志，卫州黎阳人也。黎阳城东十五里有王德祖者，当隋之时，家有林檎树，生瘿，大如斗。经三年，其瘿朽烂。德祖见之，乃撤其皮，遂见一孩儿，抱胎而出，因收养之。至七岁，能语。问曰：‘谁人育我？’及问姓名，德祖具以实告。因林木而生曰梵天，后改曰志。（曰：）‘我家长育，可姓王也。’”

近世随着敦煌王梵志诗作的发现，国内外学者对王梵志其人其诗产生了浓厚兴趣。郑振铎较早研究王梵志及其诗，他在《中国俗文学史》中指出，王梵志的生活年代大约在隋唐之际，但并没有详加考证。法国学者戴密微，则否定王梵志生活于隋代的观点，认为王梵志的某些诗创作于8世纪。日本研究者矢吹庆辉在《鸣沙余韵解说》中，通过考证唐代大诗人王维的生平事迹，大胆推测王梵志或许就是王维。另一位日本研究者入矢义高在《论王梵志》一文中主张，王梵志是唐玄宗天宝（742—756）至代宗大历（766—779）年间的人，甚至可能是晚唐、五代时期的人。但同时，又怀疑王梵志的存在，提出“梵志”一词为佛门所常用，意指“有志求梵天之净寂者”，进而推断王梵志诗的作者，或许是个“胡僧”，或许是个“化俗法师”。

1983年张锡厚完成了《王梵志诗校辑》工作，由中华书局出版，任半塘在书序中引敦煌写本《王道祭杨筠文》的有关记载，又把王梵志的生活时代推到了开元以前。《王梵志诗校辑》一书中，附有张锡厚《唐初民间诗人王梵志考略》一文，在搜集和整理王梵志诗的基础上得出结论，王梵志是一个实际存在的人物，他既不是天宝至大历时人，也不是晚唐、五代时人，而应是初唐时期的民间诗人，他的作品与我国通俗诗的发展传统有密不可分的关系。尽管这观点带有一定权威性，仍有人提出不同的看法。项楚在《王梵志诗校注》一书的序言中发表独特的见解，认为王梵志诗是无名白话诗人的作品汇集，而不是某个特定人物的作品，它产生于初唐时期。

看来，王梵志其人存在与否，仍无法定论。

《唐律疏议》何时成书

《唐律疏议》在国内外有深远的影响。然而，此书究竟制作于何时？传统观点认为，《唐律疏议》是唐高宗永徽四年（653）长孙无忌等奉诏修撰的，意在准确解释我国现存最早的一部完整的成文法典《永徽律》。

可是，后世随着敦煌唐写本《律疏》残卷的发现，一些日本学者经过研究，否定了《唐律疏议》成书于永徽年间的说法。据考证，《唐律疏议》中有许多避高宗以后武则天、中宗、玄宗三朝之讳的文字，如武则天时改诏为制，而书中屡见“制书”“制敕”等；又如中宗名显，书中避不用“显”字，而以“明”“露”等字代替；还如书中出现了玄宗年号“开元”等字。此外，书中的一些官名、地名也用了永徽以后的名称，如用武则天以后设置的“北都”之名；又如称“长史”为“别驾”，而实际上“别驾”之称，始于高宗上元元年（674）。既然《唐律疏议》中有许多高宗永徽以后出现的名词和需要避讳的文字，那么此书就有可能不是永徽时期制作的。另依敦煌唐写本《律疏》残卷，未见长孙无忌的《进律疏表》，故现存的《唐律疏议》系私家刊本，所载《进律疏表》当是宋、元间好事者所为。

《唐律疏议》非永徽时期之作，该是何时编定的呢？此说认为，史称《永徽律》为整五百条，而今本《唐律疏议》却有五百零二条，两者不合。又据敦煌唐写本《律疏》残卷中《名例律》第二卷卷末刊定者姓名和年月日，可知现存《唐律疏议》是唐代最后修订的《开元律疏》，制作者是李林甫等人。

尽管日本学者证据确凿，大有推翻传统说法的气势，但是中国学者杨廷福在《文史》第五辑上发表《〈唐律疏议〉制作年代考》一文，力挫“开元说”，依然坚持“永徽说”。他指出，遍查迄今能见到的有关文献，一致认定《唐律疏议》三十卷，长孙无忌等撰，这是无可置疑的历史见证。书中出现的避讳文字及后官名、地名等，实际上是在永徽以后传抄、刊定中，因“文有不便”所作的更改。刊本讹误和掺杂后人注释的情况，在其他一些古籍中也时有发生，显然不能把错入的注解文字，强加给《唐律疏议》，并认定其为后世之作。

考察敦煌唐写本《律疏》，虽为原始文献，但仅是一些零星的残卷，总共不到今本《唐律疏议》的二十五分之一。从残卷中的《名例律疏》来看，玄宗开元时李林甫等奉诏，只是对律、令、格、式作了一些刊定改动，而不是重新修撰，故所谓《开元律疏》根本不存在。又《永徽律》藉其《疏议》流传后世，现存宋、元、明刊本，卷首都题作“长孙无忌等撰”，并冠有《进律疏表》，而《名例律》末不见开元年间李林甫等刊定的记载。由此可知，这些刊本的底本与敦煌所出的《律疏》残卷，不是出自同一个传抄本。刊本的结衔和《进律疏表》的题名，都与历来公私图书著录相侔，应无疑问。《唐律疏议》确为五百条，今本多出的两条，分列在《职制》和《斗讼》中，系元刊本将一条误歧为两条，很可能是传抄或刊版时造成的。由此看来，对《唐律疏议》制成年代的种种怀疑，是没有必要的。

唐玄宗因何而作《霓裳羽衣曲》

唐朝风流天子玄宗创作了著名的歌舞大曲《霓裳羽衣曲》，它共分三大部分、三十六段。前六段为“散序”，是独奏和轮奏乐；中间十八段为“中序”，有节奏，以抒情婉转的慢板为主；后十二段为“破”，节奏急促，以一长声后袅袅而止。《霓裳羽衣曲》可以配上歌舞表演，舞者身饰多彩的羽毛，拖着闪光花纹的白裙，伴着音乐的节奏，舞姿轻盈，飘逸如仙。整个大曲描写了玄宗向往仙境、遇见仙女的梦幻故事。那么，玄宗究竟是如何创作《霓裳羽衣曲》的呢？

一说玄宗创作《霓裳羽衣曲》，与“游月宫”有关。据《全唐诗·舞曲歌辞·霓裳辞十首》等记载，有一个叫罗公远的道士，曾引玄宗“游月宫”。玄宗在那里见到了数百个“素练霓衣”的仙女“舞于广庭”，便趁机询问仙女们伴奏的曲子是什么，回答是“霓裳羽衣”。玄宗本来爱好音律，就默默记下了曲调。可是，当他回来后，竟忘了一半音调，此时正好西凉府节度使杨敬述进献《婆罗门曲》，其曲调与他在月宫所闻之曲相符，于是就把能记下来的一半曲调作为“散序”，而将杨敬述所献之曲作为后面的乐章，由此定名为《霓裳羽衣曲》。

一说玄宗登三乡驿高处望女儿山后，创作了《霓裳羽衣曲》。唐代“诗豪”刘禹锡曾作《三乡驿楼伏睹玄宗望女儿山诗小臣斐然有感》

诗，曰：“开元天子万事足，唯惜当时光景促。三乡陌上望仙山，归作霓裳羽衣曲。仙心从此在瑶池，三清八景相追随。”宋朝乐史在《杨太真外传》中也说：“《霓裳羽衣曲》者，是玄宗登三乡驿望女儿山所作也。”执此说者摒弃了神话传说中的荒诞内容，提出玄宗曾登三乡驿高处望女儿山，归来后作《霓裳羽衣曲》。但只写了前半部分，等到后来

唐玄宗游月宫

有幸听了杨敬述所献的《婆罗门曲》，才得以续成全曲，配以歌舞，着力表现缥缈的仙境和仙女的形象。

一说《霓裳羽衣曲》就是《婆罗门曲》。此说认为，《霓裳羽衣曲》的本名就叫《婆罗门曲》，玄宗开元年间（713—741）由杨敬述进献，天宝时（742—756）玄宗在对曲调稍加润色后，配以歌词，遂改名为《霓裳羽衣曲》。

一说《霓裳羽衣曲》的“散序”，是玄宗登三乡驿望女儿山后创作的，其他部分则是由印度佛曲改编而成。《中国音乐史略》的作者，根据宋朝王灼《碧鸡漫志》所引唐朝郑嵎《津阳门诗注》的记载，认为《霓裳羽衣曲》的“散序”与玄宗“游月宫”无关，而是他登三乡驿高处望女儿山后，产生了神奇的想象，由此写成的。至于“散序”以外的乐章，也非取自《婆罗门曲》，而是由印度佛曲改编形成，借以叙述中国道教的神仙故事。

杨贵妃本是寿王妃吗

“汉王重色思倾国，御宇多年求不得。杨家有女初长成，养在深闺人未识。天生丽质难自弃，一朝选在君王侧。回眸一笑百媚生，六宫粉黛无颜色……”唐玄宗和杨贵妃的爱情故事，经白居易《长恨歌》的演绎，广为流传。但是，在白居易的笔下，却并没有唐玄宗夺媳的痕迹，因为杨贵妃入宫前，还是个“无人识”的深闺少女。

然而，众多的文史作品却或多或少地道出这一事实：杨贵妃来自玄宗之子寿王李瑁邸。早在唐元和年间（806—820）由陈鸿写就的《长恨歌传》首先提出这点：唐玄宗失去武惠妃后，痛惜悼念，以至于觉得“左右前后，粉色如土”。于是“诏高力士潜搜外宫，得弘农杨玄琰女于寿邸……鬓发腻理，纤秾中度，举止闲冶，如汉武帝李夫人……上甚悦，进见之日，奏《霓裳羽衣曲》以导之。定情之夕，授金钗钿合以固之，又命戴步摇，垂金珰。明年，册为贵妃”。《旧唐书》沿袭此说，但认为杨贵妃被唐玄宗召见时已是女道士：“或奏玄琰女姿色冠代，宜蒙召见。时妃衣道士服，号曰太真。既进见，玄宗大悦。不期岁，礼遇如惠妃。”史载寿王确有妃杨氏出家为道士，故人们认为二杨乃同一人。《新唐书》则认为，玄宗召见杨贵妃时，她还没有入道：

“或言妃姿质天挺，宜充掖廷，遂召内禁中，异之，即为自出妃意者，丐籍女官，号太真，更为寿王聘韦昭训女，而太真得幸。”据此，玄宗是直接从寿王邸中请出杨贵妃的，作为补偿，又替寿王另娶了韦氏。《资治通鉴》记载就很直截了当：“后宫数千，无当意者。或言寿王妃杨氏之美，绝世无双。上见而悦之，乃令妃自以其意乞为女官，号太真，更为寿王娶左卫郎将韦昭训女……”多年来，杨贵妃本是寿王妃之说不断被史书完善，几乎成了定论。

杨贵妃（元杂剧《唐明皇秋夜梧桐雨》）

但是，黄权才指出，杨贵妃为寿王妃之说存在着三大障碍。其一，杨贵妃的父亲与寿王杨妃的父亲不是一个人。杨贵妃的父亲是杨玄琰，而寿王杨妃的父亲是杨玄璬，本非一人。但是为了将二杨说成是同一人，新、旧《唐书》都说杨贵妃本是杨玄琰女，由于“早孤”，所以为叔父收养，这样，就与寿王妃是杨玄璬长女之说没有矛盾了。然而，一个矛盾解决了，另一个问题又出现了：杨贵妃册封为贵妃后，她的父母玄琰夫妇、叔叔玄珪、三个姐姐和两个堂兄都得到封赠，而杨玄璬却一点“皇恩”也没有沾到。如果杨玄璬真是杨贵妃的叔父，应该受封如玄珪，如果他又是叔父又是养父，那他的封赠应该高过玄珪。这就是说，根据受封情况可以看出，杨玄璬与杨贵妃根本就没有什么养父女关系或近亲关系。杨贵妃的养父与其说是杨玄璬，还不如说是杨玄珪。

其二，杨贵妃与寿王杨妃虽然都做女道士，但入道的情况不同。《全唐文》所载《度寿王妃为女道士敕》一文中曰：“寿王瑁妃杨氏，素以端懿，作嫔藩国，虽居荣贵，每在精修。属太后忌辰，永怀追福，以兹求度。”太后就是唐玄宗的生母昭成皇太后，死于长寿二年（693）。唐玄宗非常孝顺母亲，至开元二十七年（739）还要为太后举办“追福”的道事，又改崇福观为昭成观。寿王杨妃是为太后“追福”而出家的，她所住的道观就是昭成观。而杨贵妃的入道，史家各有所说。依《新唐书》之说，是唐玄宗看中了寿王妃杨玉环后，假托她的请求，对外宣布她入道，时间约在开元二十八年十月。而《旧唐书》则认为，唐玄宗在初见杨贵妃时，她已经是道士打扮了。《资治通鉴》折中二说，把杨贵妃入道的时间定在天宝三载（744）。不论是哪一说，与有明确记载的寿王杨妃的入道之事在原因和时间上都不一致，因此，没有理由将不同的两件事合为一谈。

其三，寿王李瑁还健在人世，唐玄宗不可能强夺生人妻。李瑁是武惠妃第三个儿子，唐玄宗第十八子，从小聪明可爱，深受唐玄宗钟爱，一度曾有封他为太子的想法。李瑁和他的儿孙们一直住在京城，与唐玄宗关系密切。安史之乱时他保护唐玄宗出逃，是逃亡队伍中很重要的成员之一。据记载，寿王纳韦妃在天宝四载七月二十六日，唐玄宗册立杨贵妃在同年八月十七日，相距仅二十天。如果杨贵妃确实是寿王妃，唐玄宗不会将两件大事几乎是同时间办，以免人们议论

● ［宋］《杨太真上马图》

杨贵妃原来的身份。再说，虽然唐代的人伦关系比较松弛，乱了辈分的婚姻关系时时可见，即使是皇室也一样。但是，唐太宗纳弟媳，是在其弟亡故之后；唐高宗娶武则天，也是在父亲死之后。唐玄宗若是真的看中他的儿媳妇，当不敢冒天下之大不韪，在儿子还健在人世的时候厚颜强娶。此外，唐玄宗若纳儿媳，一定会遭到文武百官的反对，但是史书上未见有谁出来谏阻的记载。

唐三彩女立俑

看来，几乎已成定论的“杨贵妃本为寿王妃”之说，还值得进一步推敲。

杨贵妃所食的荔枝究竟产于何地

唐代诗人白居易在《荔枝图序》中描述荔枝曰："树形团团如帷盖；叶如桂，冬青；华如橘，春荣；实如丹，夏熟。朵如蒲桃，核如枇杷，壳如红缯，膜如紫绡，瓤肉莹白如冰雪，浆液甘酸如醴酪。"他指出，荔枝保鲜极难，采摘后"一日而色变，二日而香变，三日而味变，四五日外色香味尽去矣"。可是，唐玄宗的宠妃杨太真，偏偏喜欢吃新鲜荔枝，玄宗不得不令置骑传送，将新鲜荔枝从遥远的南方产地快速运至京师长安。晚唐诗人杜牧作《过华清宫》诗云："长安回望绣成堆，山顶千门次第开。一骑红尘妃子笑，无人知是荔枝来。"北宋苏东坡和其诗，也云："美人一破颜，惊尘溅血流千载。"那么，杨贵妃所食新鲜荔枝究竟产于何地，对此历来杂说纷纭，留下疑问。

相传，唐玄宗天宝年间，每逢正月十五晚，玄宗便在宫中抛撒闽江红锦荔枝，让宫人为其拾取。所谓闽江红锦荔枝，就是福建上贡的荔枝。此后，从宋朝到清代，有关福建贡荔之事的记载，不绝于史籍。这样看来，杨贵妃所食的荔枝，很可能产自福建。

广东早在汉朝时就是上贡荔枝的地方，到唐代仍进贡荔枝。《资治通鉴》唐玄宗天宝五载条曰："妃欲得生荔支（枝），岁命岭南驰驿致之。"《新唐书·礼乐志》说，玄宗游骊山，适逢杨贵妃生日，就命乐伎作一新曲，曲成而无名，值岭南广州的进贡荔枝运到，遂以"荔枝香"名曲。宋朝乐史的《杨太真外传》也说，马嵬驿（今陕西兴平西）前杨贵妃刚刚被缢死，恰好广州上贡的荔枝运到，玄宗便派高力士用它来祭奠死去的杨贵妃。明代徐𤇆《徐氏笔精》则记载，唐天宝末年进士鲍防，亲眼见明皇下诏用马传递南海荔枝，故作杂感诗有"五月荔枝初破颜，朝离象郡夕函关"之句。另据说广东南海县（今广州）有一株唐代古荔，名妃子笑，相传为杨贵妃所食。如此观之，杨贵妃爱吃的荔枝是广东所产的。

第三种说法，依据唐宋时期的地方志、荔枝谱、野史、笔记等记载，认为杨贵妃所食荔枝出自四川。苏东坡《荔枝叹》诗中，有"天宝岁贡取之涪"之句，主张杨贵妃吃的荔枝，产于涪州（治今重庆市涪陵区）。据《元和郡县志》《太平寰宇记》《图经本草》等史书记载，涪州城西十五里有妃子园，南宋时尚存荔枝树百余株，当地居民证实涪州所产荔枝确为贡品，是通过子午道传送至京师，专供杨贵妃食用。

可是，有人提出，涪州贡荔之事，大多出自宋朝人的诗文，并不可靠。实际上，杨贵妃爱吃的荔枝产于四川的宜宾。其主要理由是：一、宜宾一带早在秦汉时期就盛产荔枝。《元和郡县志》和《新唐书·地理志》中都记载，宪宗元和年间（806—820），宜宾土贡荔枝煎，而不言四川其他地方曾贡荔枝。二、当地民间有绿荔枝姑娘的传说，人们相信杨贵妃所食荔枝，就是宜宾的绿荔枝。三、现宜宾西南

● 唐代女子（唐代壁画）

打鱼村仍有五株古荔，树龄都在千年以上，是唐代之物。

还有人认为，现世盛产荔枝的泸州合江（今属四川），早在唐朝时就已进贡荔枝，民间相传杨贵妃吃的，便是合江的荔枝。此外，宋朝王灼《碧鸡漫志》说："太真妃好食荔枝，每岁忠州（今重庆忠县）置急递上进，五日至都。"宋景文《益部方物略记》则认为，杨贵妃所食之荔来自嘉州（治今四川乐山东北）。

唐代产荔之地众多，然而上贡朝廷引得妃子笑的荔枝究竟产于何地倒成为一个问题了。

史上有无梅妃其人

熟悉杨贵妃故事的人都知道梅妃。据《梅妃传》记载，梅妃原名江采苹，福建莆田人。开元年间（713—741），宦官高力士到福建、广东一带选美，才高貌美的江采苹就被选在君王侧，入侍唐玄宗，一时间也

梅妃（《点石斋画报》）

是"三千宠爱在一身"。江采苹特别喜欢梅花，唐玄宗就为她广植梅树，还封她为梅妃。但好景不长，唐玄宗得到杨贵妃后，被迷得神魂颠倒。而杨、江二人作为情敌，明争暗斗不断。今日我嘲你肥，你嘲我瘦；明日杨贬江冷，江贬杨媚，宫中好戏连连。终于，善诗敌不过善媚，才比谢道蕴的美女江采苹逐渐失宠，直至被贬入冷宫——上阳东宫。后来，唐玄宗也曾怀念旧情，瞒着杨贵妃派宦官到上阳东宫接来梅妃互诉衷肠，却不料被杨贵妃闯入。玄宗慌乱之中只得藏起江采苹，转身与杨贵妃周旋，伤心的梅妃只好在小太监的护送下"步归东宫"。事后，唐玄宗赐一斛珍珠表示劝慰，而梅妃退回了珍珠，写下《谢赐珍珠》《楼东赋》等黯然神伤的著名诗赋。红颜薄命的江采苹后死于安史之乱。

多少年来，人们深深地同情着这位才貌兼备的梅妃，南宋时莆田籍大诗人刘克庄就曾有吟咏梅妃的诗。明清时的戏剧《梅妃》《惊鸿记》《一斛珠》及洪昇的《长生殿》等都有梅妃这个人物。日本现代著名史学家井上靖写《杨贵妃传》也记载了梅妃。文学大师歌德在研究中国古代文化时，看到英译的《谢赐珍珠》诗，还特意将它译为德文，登载在自己出版的《艺术与古代》杂志上。当今的舞台和电视屏幕上也常常有梅妃出现。现代的一些著名文人也都不否认梅妃的存在，如郁达夫在《闽游滴沥》中说："福建美人之在历史上著名的，当然要首推和杨贵妃争宠的梅妃。"郭沫若到福建考察时也曾留下"梅妃生里传犹在，夹漈（郑樵）研田有孑遗"的诗句。相传是梅妃故里的莆田县黄石乡江东村，还有不少关于梅妃的古迹。《江氏族谱》更是清清楚楚地记载着：梅妃的父亲是该村江氏第十一代孙；梅妃小时候常常与其兄江采芹一起放鹅……总之，梅妃这个历史人物，已经深植于人们的印象中。

但是，福建的黄建聪经过考察认为，历史上并无梅妃其人，理由如下：

其一，作为才貌兼备、深受唐玄宗宠爱并能与杨贵妃争宠的妃子，江采苹在正史上却不见踪影。不论是《旧唐书》《新唐书》，还是司马光的《资治通鉴》，都没有关于梅妃的片言只语，相反，有关杨贵妃的记载却很多。当然，杨贵妃与安史之乱有密切关联，史学家给予较多的注视也很正常，但江采苹作为宠妃，《后妃传》中记上一笔应该也不属于多余。

唐三彩骑马女俑

其二，后人有关梅妃的故事，其内容大多从《梅妃传》演化而来。但《梅妃传》一书没有确切作者，过去人们认为是唐曹邺所作，也没有足够的证据。连本书的抄录者也不知道作者是何人，只知道是北宋、南宋之交的人。可见《梅妃传》本身就不足信，更不用说晚于该书、转抄于该书的其他作品了。

其三，尽管《梅妃传》不足信，但其中的几句话还是值得人们注意："今世图画美人者，号梅妃，泛言唐明皇时人，而莫详所自也。"

[清] 吴友如《梅妃》

意思是，在宋代仕女画中的梅妃，人们只是泛泛地说她是唐玄宗时的人，对她的身世都不太了解。所以，鲁迅先生在《中国小说史略》中说：“《梅妃传》一卷亦无撰人，盖见当时有把梅美人号梅妃，泛言唐明皇时人，因造此传。”

其四，查考唐代史略，没有发现有高力士到闽、粤一带选美的记载，说明有关梅妃进宫的说法就很不可靠。另外，《梅妃传》所记梅妃被贬所居的上阳东宫在东都洛阳，它与长安相距数百里，不可能发生唐玄宗深夜召梅妃，被杨贵妃发现后，梅妃“步归东宫”的事情。同时，洛阳上阳东宫也没有《梅妃传》中所说的翠华殿西阁。

总之，梅妃的身世很感人，她的美貌、她的才华，以及她在杨贵妃逼人的气势下所受的屈辱，形成了她凄婉的艺术形象，很受人们同情。但是，历史与传说毕竟不是一回事，历史上究竟有无梅妃其人，终究不是由动人的故事决定的。

马嵬兵变的主谋究竟是谁

太平已久的大唐帝国，于玄宗天宝十四载（755）爆发了来势猛烈的安史之乱。次年，凶顽的叛军很快攻陷潼关，直逼都城长安。玄宗见大势难以挽回，悄悄带着杨贵妃姐妹、皇子皇孙、杨国忠等人，在禁军将领陈玄礼、宦官高力士等护卫下，逃往蜀中。途经马嵬驿时，又饥又疲的禁军将士发动了一场导致杨国忠和杨贵妃之死的军事政变，这就是令古今史家瞩目的马嵬兵变。人们不禁要问，马嵬兵变的主谋究竟是谁？

传统观点认为，马嵬兵变纯粹是禁军将士因饥饿不堪而对杨国忠等人肆行非礼，其主谋为龙武大将军陈玄礼。然而，在封建专制时代，用武力杀戮大臣，胁迫天子，是一件极重大的事，陈玄礼不过是区区禁军将领，在政治上既没有多大的权力，也没有多高的地位，能有这样大的能耐，敢于发动如此重大的兵变吗？

于是，后世有学者提出，马嵬兵变是一次有预谋、有计划、有指挥的行动，真正的主谋是宦官高力士，陈玄礼是受高力士委托，杀死杨国忠和杨贵妃的。唐史专家黄永年《说马嵬驿杨妃之死的真相》一文就执此说，认为玄宗西幸不是惊慌失措的仓皇出逃，马嵬驿距离长安城不过一百多里，走一天工夫就到达，禁军再娇弱，也不可能弄得饥疲不堪，所以这是一场经过策划，有目的有组织的兵变。

据史书记载，玄宗朝宦官参政已形成格局，宦官集团成了一股不小的政治势力，而高力士就是宦官首领，所以称高力士为“内相（内廷的宰相）”毫不过分。高力士的权势受到以杨国忠为代表的外相（外廷的宰相）的压抑，由此引起矛盾和抗争是很自然的。只是高力士为人谨慎，才使这种争斗没有表面化，但他几次论及宰相威权，毕竟透露出内外廷的对抗性，因此趁乱谋杀杨国忠，完全合乎情理。由于太子李亨不敢参与这样的兵变，陈玄礼也不需要毫无实力的太子支持，而且兵变发生后，陈玄礼与太子和另一位宦官李辅国之间更不存在特殊关系，故太子绝不可能是兵变的后台主谋人物。而高力士不仅与杨国忠素有隙怨，还深知玄宗性情，跟陈玄礼关系也非同一般，与陈玄礼联合既方便又稳妥，所以是最合适的后台主谋人物。

另一种观点认为，太子李亨是真正的幕后指使者，陈玄礼只是被人当作工具加以利用而已。胡溷咸《马嵬驿事件的真象》、司马严颋《高力士是马嵬兵变的后台吗——与黄永年先生商榷》、陆沉《新论马嵬驿兵变的历史真象》等，均持这一看法。此说主要依据《旧唐书·杨贵妃传》的记载：“及潼关失守，从幸至马嵬。禁军大将陈玄礼密启太子，诛国忠父子。”以及《旧唐书·韦见素传》的史实：“翌日，次马嵬驿，军士不得食，流言不逊。龙武将军陈玄礼惧其乱，乃与飞龙马家李护（辅）国谋于皇太子，请诛国忠，以慰士心。是日，玄礼等禁军围行宫，尽诛杨氏。”指出兵变是在陈玄礼领导、李辅国预谋、太子李亨支持下进行的。李亨之所以支持兵变，这与皇位继承有关。从两唐书《杨国忠传》中可以得知，杨国忠曾帮助李林甫打击太子李亨，双方积怨由来已久。李亨在近二十年的太子生活中，处境艰险。尤其是安禄山攻陷东都洛阳时，玄宗准备亲征，让太子李亨监国，为此与杨国忠商议。国忠大惧，回到府第对杨氏姐妹说："我等死在旦夕。今东宫监国，当与娘子等并命矣。"后来，杨氏姐妹哭诉于杨贵妃，"贵妃衔土请命，其事乃止"。可见，太子李亨与杨国忠之间已是你死我活的关系，自然李亨具有铲除杨氏家族的动机和尽快称帝的欲念。当形势对自己有利时，李亨充分利用禁军将士的抵触情绪，怂恿和支持陈玄礼等人发动兵变，诛杀杨国忠。李亨在马嵬得手后，不愿随驾西行，恐怕主要还是因为纵容兵变，心怀异志，决意摆脱玄宗拘牵的缘故。

唐玄宗

许道勋、赵克尧合著《唐明皇与杨贵妃》一书，再出新说，认为对于马嵬兵变这一历史事件，大可不必寻找什么后台主谋人物。以禁军将士为主体而发动的兵变，实质上是各种势力反对奸相专权误国的群众性运动，并不是个别人能够煽动起来的。陈玄礼曾慷慨陈词：今天下崩离，皇帝出逃，国家蒙难，人民死亡，这一切难道不是杨国忠专权所造成的吗！“若不诛之以谢天下，何以塞四海之怨愤！”这种呼声，喊出了广大军士的真诚愿望。所以，众将士纷纷响应，表达了拼死的决心，并包围驿站，投入兵变的行列，为天下安宁，为民除害，演出了历史上著名的马嵬驿兵变。杜甫《北征》诗有：“桓桓陈将军，仗钺奋忠烈。微尔人尽非，于今国犹活。”反映了时人对陈玄礼的高度评价，赞美了陈将军在马嵬兵变中的“忠烈”举动，进而肯定了马嵬兵变的救亡性质和重大意义。

杨贵妃生死之谜

绝代佳人杨贵妃，是一位传奇式的历史人物，她与唐明皇的爱情故事千百年来广为流传。那么，杨贵妃的最终结局究竟如何，长期以来众说纷纭，成了文人墨客打不清的官司。

一说杨贵妃死于马嵬驿。据唐朝李肇《国史补》、宋朝司马光《资治通鉴》等书记载，安史之乱中，唐玄宗携带杨贵妃等人逃至马嵬驿，在那里发生了一场兵变。为平民愤，玄宗无奈先诛杨国忠，又由宦官高力士缢杀杨贵妃于佛堂梨树下，并置贵妃尸于驿庭，召请兵变将领陈玄礼等验视。运尸时，杨贵妃脚上的一只鞋子失落，被一位老婆婆拾得，借此大发横财，时在天宝十五载（756）。史实昭昭，杨贵妃死于马嵬驿，看来是确凿无疑的。

一说杨贵妃死里逃生，做了女道士。20世纪20年代末期，俞平伯在《小说月报》第二十卷二号上发表《〈长恨歌〉及〈长恨歌传〉的传疑》一文，通过对唐朝文人白居易《长恨歌》、陈鸿《长恨歌传》的考释，提出了独特的见解。他认为，杨贵妃并没有死，她逃跑了，最终当了女道士。1981年周煦良在《晋阳学刊》第六期上发表《〈长恨歌〉的恨在哪里？》一文，对俞氏的观点作了进一步阐述。此说的主要理由是：一、唐玄宗从避居四川到重返长安，仅仅一年多时间，可是当迁葬杨贵妃时，却“马嵬坡下泥土中，不见玉颜空死处”，竟找不到杨贵妃的尸首。由此推测，死于马嵬驿的是另一个人，很可能用了掉包计，以侍女代死，混乱中杨贵妃得以逃脱。二、玄宗曾派方士寻找过杨贵妃，所谓“上穷碧落下黄泉，两处茫茫皆不见”，暗示杨贵妃活在人间。三、杨贵妃逃亡后，流落到女道士院，而唐代的女道士院就是娼家妓院，故杨贵妃最终沦落为娼女。对于深爱杨贵妃的玄宗来说，的确是“此恨绵绵无绝期”了。

一说兵变将领陈玄礼用掉包计救出杨贵妃，后来她逃往日本。1984 年第五期《文化译丛》发表张廉译自日本《中国传来的故事》一文，提出另一种有趣的看法，认为兵变将领陈玄礼怜杨贵妃貌美，不忍心杀她，就与高力士密谋，以侍女代死。当时，高力士用车运来“杨贵妃”的尸体，验尸的便是陈玄礼，所以其计得以成功，而杨贵妃则由陈玄礼的亲信护送南逃，大约在今日上海附近扬帆出海，东渡日本。

一说杨贵妃死而复生后东渡日本，终其天年。日本学者渡边龙策在《杨贵妃复活秘史》一书中，用浪漫的笔调详细描写了杨贵妃逃出马嵬驿、东渡日本的经过。他认为，杨贵妃的幸存，并非陈玄礼、高力士用了掉包计，她是死而复生，得到舞女谢阿蛮和乐师马仙期的帮助，往东南潜入襄阳，再漂泊到武昌，随后“烟花三月下扬州”。最终在日本遣唐使团团长藤原刷雄帮助下，搭上日本使团回国的大船，逃亡到日本山口县向津具半岛的久津，时间为公元 757 年，正值日本孝廉女帝时代。杨贵妃出走后，谢阿蛮和马仙期设法把杨贵妃东渡的消息呈达给玄宗，玄宗闻讯，感叹不已，就派方士去日本找杨贵妃，并面呈玄宗送给她的两尊佛像，劝她归国。杨贵妃则以玉簪为答礼，命方士带回献给玄宗。双方互通了消息，但杨贵妃还是未能回到玄宗身边。

● 杨贵妃（元杂剧《唐明皇秋夜梧桐雨》）

鉴真和尚失明之谜

唐代扬州大明寺住持鉴真和尚，曾接受日本僧人荣睿、普照邀请，历经艰辛，东渡扶桑，传播佛教戒律和大唐文化。至于鉴真到日本前究竟有没有失明，长期以来说法多端，莫衷一是。

传统观点，据日本真人元开《唐大和上东征传》记载，认为鉴真第五次东渡失败后，自广州到韶关时，“频经炎热，眼光暗昧，爰有胡人言能治目，请加疗治，眼遂失明”。因此，鉴真第六次东渡成功，抵日本时已双目失明。

但是，有人提出质疑，认为鉴真到日本后，晚年曾失明则或有之，说他到日本前已失明，则殊不可信。著名历史学家陈垣在《鉴真和尚失明事质疑》一文中就提出：“鉴真和尚到日本后，晚年曾失明则或有之，谓鉴真和尚未到日本前已失明，则殊不可信。”其理由是：一、鉴真失明事，不见于中国古文献记载，《唐大和上东征传》所言，仅是孤证，论据并不充分。况且，《唐大和上东征传》中记述鉴真在日本十年传法经历，并未提到他因双目失明而感到不便的事情。二、鉴真由韶州到江宁时，他的弟子灵祐曾对老师说出“盲龟开目”等言语，如果鉴真确已双目失明，这种不敬的话，是不可能说的。三、日本正仓院至今保存一张《鉴真书状》，据说是鉴真当年的借书条。这份具有唐人书法风格的书状，字迹端正，且有涂改重写的地方，其位置完全与原字相合，显然决非盲人所能为。四、鉴真在日本，校正数百万言的经论而一字不差，对一个盲人来说是不可想象的。

还有一些日本学者认为，鉴真到日本时尚未完全失明。《唐大和上东征传》说鉴真“眼光暗昧”，是指他患有老年性白内障，鉴真曾请阿拉伯医生用针拨法治疗，结果手术后感染，病情恶化，致使“眼遂失明”，但还能分辨字迹。

综上，鉴真失明一事仍有待进一步研究。

李白是何族人

史传唐代大诗人李白相貌特异，而其先世又曾流寓西域，便引起了李白究竟是何族人的疑义。

李白族叔、当涂令李阳冰在《草堂集序》中云："李白，字太白，陇西成纪人，凉武昭王暠九世孙。蝉联珪组，世为显著。中叶非罪，谪居条支，易姓与名……（其父）神龙之始，逃归于蜀。"李白好友范伦之子范传正在《唐左拾遗翰林学士李公新墓碑》中也云："公名白，字太白，其先陇西成纪人。绝嗣之家，难求谱牒……隋末多难，一房被窜于碎叶，流离散落，隐易姓名，故自国朝已来，漏于属籍。神龙初，（其父）潜还广汉，因侨为郡人。"李序和范碑的叙述告诉我们，李白是陇西成纪（今甘肃静宁西南）人，为贵族的苗裔，其先世曾"谪居条支""一房被窜于碎叶"，至唐高宗神龙初年才逃归于蜀。如此看来，李白肯定是汉族人了。

然而，李序和范碑的记载，都难以回避李白先世与西域有关这个事实。这样，现世有人经过考证，提出李白不是汉族人，而是胡族人的观点。李白先人所窜谪的碎叶、条支，隶属于中国政治势力范围，始成为窜谪罪人之地，当在唐太宗贞观十八年（644）平焉耆、高宗显庆二年（657）平贺鲁之后。如果李白先世于隋末即窜谪如斯之远地，断非当日情势所能有之事实，故李白先世本为西域胡人。李白之父叫李客，其姓是他从西域潜还蜀中后更改的，本非李姓；其之所以名“客”者，殆由西域之人其名字不通于华夏，因以胡客呼之，遂取以为名。又蜀汉之地，在六朝隋唐时期为西胡行贾区域，故李客或为商胡，入蜀后以多资渐成豪族。唐玄宗天宝初年，曾下诏准许凉武昭王李暠的子孙“隶入宗正寺，编入属籍”。时李白正在朝供奉翰林，却漏于属籍，表明所谓李白为李暠九世孙的说法，是不可信的。此外，李白精通月氏语，懂得夷礼，唐人魏颢《李翰林集序》还说他相貌“眸子炯然，哆如饿虎”，显见李白具有西域胡人的特征。

作为唐代诗坛伟大作家的李白，竟然不是汉人而是胡人，这实在令人难以接受。于是，有人重提“汉人说”，指出古时凡由汉民族居地移往外域，便称为窜谪或降居，故李白先世移居西域，并非因罪窜谪，何况李白先世窜谪西域，也不一定是隋末事。李白先世或本非姓李，但不一定就是胡人，而且去蜀前一度隐易了姓，仍有可能就是李姓。李白之父名客，也可指外地去蜀的汉人，故在尚无称李客为“胡客”的佐证材料之前，不能肯定李白先世为胡人。李白先世或与李唐宗室有纠葛，至玄宗时这种旧隙仍未消除，所以李白不得入宗正寺属籍，并造成终身蹭蹬。实际上，即使汉族人，只要其家世与西域有关联，通月氏语和懂夷礼并不困难。李白虽相貌似胡人，但汉人中相貌具有胡人特征的也不少见，据此证明李白是胡人，令人难以信服。

既然说李白是汉人，那么他的家世又如何呢？李白曾在《与韩荆州书》中说：“白陇西布衣，流落楚汉。”在《上安州裴长史书》中曰：

“白本家金陵，世为右姓，遭沮渠蒙逊难，奔流咸秦，因官寓家，少长江汉。”又在《赠张相镐》一诗中云：“本家陇西人，先为汉边将。功略盖天地，名飞青云上。百战竟不侯，当年颇惆怅。世传崆峒勇，气激金风壮。英烈遗厥孙，百代神犹王。”由李白的自述，可以了解他先世为汉代“飞将军”李广之后，世为当代著姓。因为沮渠蒙逊灭西凉，所以近奔西域，远去江南，以官寓家，散处四方。结合李序、范碑及其他文献，对照李唐先世的显达情况，可以推论，所谓李白是“凉武昭王暠九世孙”的记载并不凿空。李暠的子孙除李虎、李渊一支外，其他的在后魏和周隋之间不会没有一个显达的。而且，李虎有兄名起头，生子达摩，其后无闻。达摩后一代，即李渊从兄弟行。李白的先世在隋末以罪徙西域，而达摩的后代恰在这一时期失踪，虽不可以决定李白的先世即为达摩之后，但不妨可作这样的推测。至于公元 4 世纪末以后，河西地区和西域诸国的交通异常便利，李白的先世到碎叶，到条支，逃回巴蜀，均属寻常的事情。

有台湾学者根据李白是李广、李暠之后，其先世曾因罪遭贬谪的事实，分析推断李白先世犯的罪，可能牵涉一场“宗室恩怨”，也即玄武门之变。他的曾祖父，可能是唐太宗李世民兄弟中的一个，也就是说，李白有可能是李世民的曾侄孙。这样看来，李白不仅是汉人，而且还是唐室的宗亲。自然，也有人认为，李白不是李暠的后代，其先世应为久居西域的汉人，本非李姓，潜归蜀中后为了抬高自己的门第，才更改姓名，假冒李暠的后代。

有人又提出第三种看法，认为李白先世既不是西域胡人，也不是汉人，而是汉之苗裔、胡之身躯的“中原”和“北地”的混血儿。查证古籍，李白非李暠之后，而是西汉李广嫡孙李陵的后代，道地的汉之苗裔。早在汉武帝时，李陵败降匈奴，其在中原的家小被斩尽杀绝，但李陵身居胡地时又妻胡女，子孙从胡俗，避李陵讳，改姓拓跋氏。至隋末，其后裔蒙难又被流放西域。李白的先世既属这一支，那么李白带有胡族的血统，就顺理成章了。

由于涉及李白家世和族属的文字记载隐约其辞和相互抵牾，以上诸说自然很难圆满，这个千古之谜何时能揭开呢？

● 李白（《晚笑堂画传》）

李白出生地究竟在哪里

唐代与杜甫齐名的大诗人李白，一生写下了一千五百七十多首诗篇，受到千秋万代人们的赞赏，在中国文学史上留下了不朽的名字。了解李白，读他的诗，必定很想知道他的经历，这样便引出了李白出生地究竟在哪里的问题。

一、蜀中说。据李白族叔李阳冰《草堂集序》记载："李白，字太白，陇西成纪人……（其父）神龙之始，逃归于蜀。"李白好友范伦之子范传正在《唐左拾遗翰林学士李公新墓碑》中也说："公名白，字太白，其先陇西成纪人……神龙初，（其父）潜还广汉，因侨为郡人。"引证现存李白作品中他的自述，如李白离开蜀中、乘船过三峡至荆州时挥毫写下的《渡荆门送别》云："渡远荆门外，来从梦国游。山随平野尽，江入大荒流。月下飞天镜，云生结海楼。仍怜故乡水，万里送行舟。"还如李白在《上安州裴长史书》中写道："见乡人（司马）相如大夸云梦之事，云楚有七泽，遂来观焉。"司马相如是蜀郡成都人，李白视他为自己的同乡。由此看来，文献记载和李白自述，都称蜀中为李白故乡。

通常认为，李白出生于武则天大足元年（701），而李序、范碑等文献却明载李白之父是在"神龙之始（705）"归蜀的，李白似不可能先于其父入蜀的时间出生在那里。这样，后世有人经过考证指出，所谓“神龙”，当是“神功”之误，也就是说，李白之父是在武则天神功之始（697）入蜀的，四年后的大足元年李白出生于剑南道绵州昌隆县青莲乡（今四川江油南青莲镇），时间顺序便清楚了。

二、中亚碎叶说。当代史学名家郭沫若在《李白与杜甫》一书中指出，李白“出生于中亚细亚的碎叶城”，其地理位置在今哈萨克斯坦共和国境内的托克马克。此说认为，中亚碎叶属条支都督府，从李白《战城南》诗中所叙“条支”“葱河”“天山”等地点推测，唐代“西域十六都督府”之一的“条支都督府”的地望，并不是《汉书・西域传》所载的“条支国（即大食国，今阿拉伯）”，而是与葱河、天山等地接壤的今哈萨克斯坦一带，其中包括碎叶。

三、焉耆碎叶说。这种观点提出，李白出生于焉耆碎叶，即今新疆境内博斯腾湖畔的库尔勒和焉耆回族自治县一带。焉耆碎叶城在高宗调露元年（679）王方翼筑城前早已存在，且是焉耆都督府的治所，故不能排除李白出生于此地的可能性。至于中亚碎叶属濛池都护府管辖，与条支都督府并无关系。李白《战城南》诗里中的“条支海”，当是西海（今博斯腾湖）或蒲昌海（今罗布泊），而焉耆紧靠西海，故条支地望当包括焉耆碎叶。此外，中亚碎叶城毁于天宝七载（748），范传正在宪宗元和十二年（817）撰写碑文时，如果指中亚碎叶，必然要对此作出说明，不能无视焉耆碎叶的存在，而向世人指出另一个早已不复存在的出生地。

四、条支说。李序中有李白先世“谪居条支”的记载，其地望应在今阿富汗中部一带，治所就是鹤悉那（今加兹尼）。考李白《江西送友人之罗浮》诗中的“乡关”，当属安西大都护府，而“登高望浮云，仿佛如旧丘。日从海旁没，水向天边流”的奇特景象，则与条支的地理环境相吻合。条支都督府与西天竺即今巴基斯坦西部的印度河流域接壤，那里盛产青莲花。李白幼年是有机会亲眼看见莲花的，故后来李白自号青莲居士，是出于对自己的出生地及童年生活的追忆和眷恋。另外，李白精通月氏语，是出于童年的习染和家人的传授，也可证他出生于通行这种语言的条支。

以上诸说，旁征博引，交相辩驳，而以“中亚碎叶说”影响最大。

● 李白
篆刻 郑英旻

李白经济来源之疑

飘逸不群的唐代诗人李白“一生好入名山游”，足迹踏遍了大半个中国。人们不禁要问，李白漫游的一大笔费用，究竟从何而来？对于这个令人感兴趣的史谜，长期以来不乏探究者，然而看法并不一致。

20世纪60年代初，麦朝枢发表《李白的经济来源——读李漫笔之一》一文，试图揭示这个谜。麦朝枢认为，李白的故乡绵州（治今四川绵阳东）是著名的盐铁产地，他和父亲都是贩运铜铁的私商。李白曾滞居出产银铜的秋浦（今安徽池州西），可能在那里继续他的铜铁商业经营。李白在诗中写到过炼丹，描述过冶铜者的劳动状况，可知他还兼涉采冶之业。由于李白拥有万金之产，所以能够漫游天下，蔑视王侯。

刘大杰在《中国文学发展史》的修订本中，则提出另一种观点。他认为，诗人漫游的地方都是商业重地，自称“混游渔商”“穷与鲍生贾”，其生活作风、政治思想和诗歌中的一些描述，又带有相当鲜明的市民特征，故李白是一个与商业有联系的中小地主，自然能够承受漫游四方的费用。

郭沫若凭着诗人独有的丰富想象力，在《李白与杜甫》一书中又出一说，认定李家经商的规模相当大。他根据李白《万愤词投魏郎中》

诗中“兄九江兮弟三峡”句，推测李白的兄和弟分别在九江和三峡坐庄，一方面把巴蜀的物产运销吴楚，一方面又把吴楚的物产运销巴蜀，生意做得非常红火。据此看来，这两位富有的兄和弟，就是李白漫游生活的经济来源。

余冠英等著作的《古代文学研究集》，谈及李白漫游的经济来源，独有见解。李白先娶许氏，乃高宗时宰相许圉师之孙女；后婚于宗家，是武则天时宰相宗楚客的孙女，都为富有之家，必定对李白的生活有所帮助。同时，李白写过不少应邀文章，按当时的社会风气，会给他带来一定的经济收入。李白所到之处，赠诗给地方官长，从而得到这些人的馈赠，也是可能的。等到李白自翰林被赐金放还，回到东鲁家中，有可能用赐金扩大家产，置买“龟阴田”，才在自己的家园中度过了一段悠闲的生活。如此观之，李白无论靠朋友或靠自己，都可以生活得很好。虽然有时拮据，也曾求救于人，但都完全不曾影响他寻访名山，周游胜地。难道李白在这般优游的生活中，还需要为了衣食追逐利润，去作估客？

乔象钟《李白漫游的经济来源》一文，在辨析诸说的基础上再创新说。他认为，李白之父是一位行为端正、教子有方、文学修养较深的高士。李白好友范伦之子范传正在《唐左拾遗翰林学士李公新墓碑》中写道：“神龙初，潜还广汉，因侨为郡人。父客以逋其邑，遂以客为名，高卧云林，不求禄仕。”所以，李白之父根本不是腰缠万贯的商人。而李白诗文中提到的炼丹，与冶铜是不同的。李白每当提到炼丹，总要谈及求仙，可见，炼丹并非是冶炼铜铁。李白一生的确到过很多地方，但大多数时间住在名山胜地，大城市不过是他往来必经或短时居停之地。李白在长期漫游中，常与渔商为伍，结伴而行，但“混游渔商”不等于说自己就是渔商，“穷为鲍生贾”则是用典，不能作刻板的理解。李白所表现出来的傲岸不羁和对社会下层人民的同情，与市民气不应有必然联系。至于李白“兄九江兮弟三峡”诗句中的兄和弟，可以完全断定并非指在九江坐庄的兄和在三峡坐庄的弟，联系下句“悲羽化之难齐”，如果坐庄的兄弟只求谋利，诗人怎么会为“羽化”之事而悲伤呢？也就是说，李白漫游的经济来源，不可能是两个坐庄的兄弟。据史而论，李白最初的游历，从家里带足了费用，一路游，一路接济落魄的公子。此后，他主要依靠交游广，声名大，时人对他的优礼和敬爱，朋友的热情帮助，这才是他得以漫游各地的根本条件，完全不必把李白的家财想象得太了不起，更不必把李白父亲的职业或李白的职业想得那么复杂。

李白到过夜郎吗

唐代诗人李白身罹安史之祸，时肃宗同父异母弟永王李璘谋取江左自立，李白“转侧宿松、匡庐间，永王璘辟为府僚佐”(《新唐书·李白传》)。李璘败死后，李白受到牵连，被流放珍州夜郎（今贵州正安西北）。然而，《旧唐书·李白传》云：“后遇赦得还，竟以饮酒过度，醉死于宣城。”人们不禁要问，李白流夜郎，又“遇赦得还”，他到过夜郎贬所吗？

早在北宋时，曾巩就曾明确提出，李白并未到过夜郎贬所，他在途中遇赦得释，就地返回。此后，明代的杨慎，清代的王琦、莫友芝等人都从此说。当代学者郭沫若也持这一观点，他在《李白与杜甫》一书中，考证李白《早发白帝城》诗创作年代时说：“李白于至德二载（757）流放夜郎，乾元二年（759）因关内大旱，在途中（巫峡）即遇赦，因而特别兴奋，故写下了《早发白帝城》这一唐人绝句杰作。”

但是，明清时已有人提出不同的看法，指出李白不仅到了夜郎，而且还在夜郎滞留了较长时间。当代更有人认为，李白在夜郎生活了三年。周春元《李白流放夜郎考》一文着重考证了李白的三首诗，认为李白《窜夜郎，于乌江留别宗十六璟》诗中的“乌江”，就是今贵州的乌江。而珍州夜郎在乌江以北地区，所以李白若到达了乌江地带，那么到过夜郎应无多大疑问。李白有《流夜郎，半道承恩放还，兼欣克复之美，书怀示息秀才》诗，诗中提到的“半道”放还，应从时间意义上理解，也即李白到达夜郎后，才遇赦返还。又李白在一系列以流放夜郎为题的诗中，常有“三年”“三载”的记述，如“三载夜郎还，于兹炼金骨”“独弃长沙国，三年未许回”等，可见他在夜郎生活了三年，锻炼了身体。

与李白是否到过夜郎有关的另一首诗《闻王昌龄左迁龙标，遥有此寄》曰：“杨花落尽子规啼，闻道龙标过五溪。我寄愁心与明月，随君直到夜郎西。”这应是李白在夜郎时的作品。结合贵州地区李白流放夜郎的遗迹，如《大清一统志》记载遵义府正安南二十里，建有《怀白堂》；桐梓县新站镇有“太白楼”，夜郎镇有“太白坟”等等，周春元说：“李白到达了夜郎贬所，大概是没有疑问的。”

尽管不少人认为李白确曾到过夜郎，但问题并未就此解决。李子和的文章《李白到过夜郎吗？》，仍坚持李白未至夜郎的观点，认为今贵州境内的有关遗迹，均是明代以后的事，带有传说性质和纪念性质，这只能说明李白的伟大和深入人心，并不说明李白到过夜郎。

对于李白三首诗的解释，李子和指出，唐宋时期称乌江为涪陵江、延江、巴江等，今贵州之乌江得名于元明以后，故李白所言的“乌江”，当指浔阳江，而他本人并未到过流经夜郎附近的延江、涪陵江。所谓“半道”放还，正确的理解仍应是半途而还，即未到夜郎就返回。李白爱用想象夸张的手法写诗，其作品中的“三年”“三载”是虚数，而不是确切数。即使李白日夜赶路，半年到达夜郎，也只能在夜郎呆上一年左右，不可能滞留三年。

至于《闻王昌龄左迁龙标，遥有此寄》诗，王燕玉在《辨王昌龄谪龙标尉的地域》一文中指出，这是李白在流放夜郎以前创作的，单从诗题便可知李白作诗时并未和王昌龄在一起，而是在别的地方听说后写寄的。诗中的“过五溪”“夜郎西”更属想象的大方向，李白其实并不具知其地。

总之，李白有没有到过夜郎，依然是个谜。随着新史料的发现和研究的深入，相信这个谜底终将被揭开。

长江三峡有长臂猿吗

李白被人称为“诗仙”，他的《过白帝城》诗堪称千古绝唱：“朝辞白帝彩云间，千里江陵一日还。两岸猿声啼不住，轻舟已过万重山。”不知倾倒了多少文人骚客。直至今日，还是青年学子的必读之作。然而，这首诗引起当今学术界兴趣的是：长江三峡在历史上是否存在过长臂猿?

否定者认为，三峡两岸的生态环境根本不适合长臂猿的生存，即使是森林茂密的神农架，自古以来也从不见有关长臂猿的记载。因此，所谓“猿声”，只应该是“猴声”而已。肯定者却指出：自古以来的气候就有冷期和热期的变化，这种变化会影响动物、植物的分布，不适合存在于冷期的动物并不一定在热期也不能生存，因此，古代三峡地区曾有长臂猿并不是不可能的。

1986年，中国科学院古脊椎和古人类研究所研究员黄万波在海拔1100多米的巫山县太平村附近的大脚洞，发现了一件还没有石化的哺乳动物下牙床，与其一起出土的还有鼠、羊、猪、鹿等哺乳动物的牙齿。在下牙床的下层堆积物中，还找到一件磨制骨器和一件陶制品，其性质与大溪文化相近。经研究，黄先生认为，这件哺乳动物的下牙床是一件长臂猿的左下牙床，犬齿脱落，但留有齿槽，前臼齿及臼齿

● ［宋］梁楷《李太白像》

保存完好，牙齿稍微磨蚀，属于一个中年个体。近年，由英国牛津大学考古和艺术史实验室对这批骨骼的年代做了测定，结果表明：含长臂猿下牙床的地层距今约二百九十年。这表明，一直到二百九十年前，长臂猿还在三峡一带出没。

那么，为什么如今的三峡看不到长臂猿了呢？专家认为这与人类的滥砍乱伐有关。据县志记载，当地在20世纪20年代还到处是杳无人烟的森林，过多的砍伐使生态环境遭到破坏，逼使许多动植物改变了生存地，甚至濒临灭绝。

黄先生的考古发现和研究解答了李白诗中的历史之谜，即古代的三峡确曾有长臂猿存在，李白并没有将“猴声”误为“猿声”。

《早发白帝城》创作年代之疑

《早发白帝城》诗气势恢宏，代表了唐代大诗人李白豪爽的风格，读来悠扬轻快，令人百诵不厌。但是，此诗创作于何时呢？由于这关系到李白一生的经历，更关系到对本诗的理解，因而引起人们的浓烈兴趣，产生了种种不同的意见。

郭沫若在《李白与杜甫》一书中指出，李白于肃宗至德二载（757）被流放夜郎，乾元二年（759）因关内大旱，朝廷大赦天下，李白在去流放地途经巫峡时遇赦，所以特别兴奋，放舟东下，返归江陵（今湖北荆州），乘兴写下了这首绝句佳作。《早发白帝城》诗中“千里江陵一日还”的“还”字和“轻舟已过万重山”的“已过”两字，反映此诗是“遇赦东下，过了三峡，回到了荆州时做的”。同时，与李白遇赦前的作品比较，可以看到《上山峡》诗：“三朝上黄牛，三暮行太迟。三朝又三暮，不觉鬓成丝。”写出了作者“流窜的愁苦”，而《早发白帝城》诗则透露出作者兴奋激动的心情，两诗风格明显不同。

复旦大学中文系古典文学教研组编写的《李白诗选》一书，提到李白《早发白帝城》诗，认为此诗与李白归途中经荆门时所作的《荆门浮舟望蜀江》和途经岳阳时所作的《与夏十二登岳阳楼》两诗一样，同为遇赦后的作品，它们是一组诗。

王瑶在《李白》一书中则提出，《早发白帝城》诗是玄宗开元十三年的作品，那时李白二十五岁，正在出四川途中，由白帝城（在今重庆奉节东）到江陵途中所作。

康怀远有《〈早发白帝城〉写作时间质疑》一文，再出一说，认为此诗是诗人二十七八岁左右出蜀后开始第一次漫游生涯时写的。对照李白放逐和遇赦时的诗作，表现出不同的风格、感情和基调。《早发白帝城》诗题又作《白帝下江陵》，或作《下江陵》，所谓“下”，可释为“到”，就是从白帝到江陵；所谓“早”，可解为“早晨”，引申为“初时”，故“早发”便可理解为“初发”。显然，作者是以回忆的口吻来写的。再究“千里江陵一日还”之“还”字，有“到”“归”之意，反映出作者对江陵怀有深切的感情，是“归乡”之情。据明人杨慎《升庵诗话》载：“太白娶江陵许氏，以江陵为还，盖室家所在。”李白娶了江陵许氏为妻，自然要以到江陵为还家了。透过《早发白帝城》诗的字里行间，能够感受到诗人二十七八岁时“仗剑去国，辞亲远游”的那种扬眉吐气、一飞冲天、锐不可当的气概，而丝毫觉察不到作者政治上失败的精神创伤和“行路难”的低沉情绪。

以上诸种看法都是据诗文所作的推测，《早发白帝城》诗究竟创作于何时，还不能说已有定论。

《蜀道难》作于何时

唐代诗仙李白，曾作过一首被誉之为“奇之又奇”的诗篇，这就是峥嵘突兀、极尽夸张的《蜀道难》。然而，此诗究竟是李白何时的作品呢？

安旗在《〈蜀道难〉新探》一文中主张，《蜀道难》为唐玄宗开元十八年至十九年（730—731）之间的作品，是李白首次入长安时的困顿失意之作，是他经历一番大幻灭以后谱出的血泪交织的乐章。诗人用比兴手法，以蜀道艰险寄托了对仕途坎坷、现实黑暗的愤郁。

黄东黎《〈蜀道难〉新辨》一文提出了不同的意见，认为此诗创作时间当在玄宗天宝元年（742）十一月至天宝二年三月之间，是李白奉诏入京之初的作品。通过极力描写蜀道的艰险，深刻地揭示盛唐时期潜伏着的社会矛盾，表达了作者的远见卓识和雄才大略。

袁宗一《略论〈蜀道难〉之有无寄托》一文又出新说，提出《蜀道难》这首诗作于天宝三载春。李白“济苍生”“安社稷”的仕宦之途失败后，借友人王炎入蜀之机，描写了入蜀途中的山川险阻，借以抒发理想幻灭的痛苦，怀才不遇的悲哀，备受屈辱的愤懑。诗中所塑造的形象，无不寄寓着形象本身之外的“情”和“事”。

早在20世纪50年代，王运熙就有《谈李白的〈蜀道难〉》一文。

他认为天宝十二载殷璠辑的《河岳英灵集》，是唐朝人选唐诗的早期代表作，它收录了《蜀道难》。由《河岳英灵集》编集年代可以推断，李白创作《蜀道难》的时间，至迟不得晚于天宝十二载。旧说这首诗讽玄宗奔蜀事，实不可信，应是李白在京师送友人王炎入蜀之作，采用乐府旧题，描绘蜀地道途艰险和环境险恶，希望友人不要久留蜀地。姜光斗、顾启《〈蜀道难〉作年与主题思想质疑》的文章，进一步指出，《蜀道难》的创作年代上限应在天宝六载，下限当为天宝十二载，其主题是隐喻玄宗后期李林甫专权时政治黑暗、仕途艰险的社会现实。

尽管一些学者否认“讽玄宗奔蜀说”，但是俞平伯仍以为此说最可信。他在《〈蜀道难〉说》一文中指出，《河岳英灵集》的殷璠序中“此集起甲寅，终癸巳”的讲法不可靠。按甲寅为玄宗开元二年，癸巳为天宝十二载，如果殷说是严密准确的，则《蜀道难》自不可能作于玄宗幸蜀时，即天宝十五载。然而书名既为“河岳英灵”，所收当是已逝的作家，云“终癸巳”，其时李白尚在世，离他卒年宝应元年（762）相距甚远。所以，今本《河岳英灵集》是否殷氏之作，或有出后人附益之处固不可知。总之，俞氏相信《李太白全集》王琦注引萧士赟的话：“盖太白初闻（安）禄山乱华，天子幸蜀时作也。”

《蜀道难》作于何时关系对作品的理解，看来对李白《蜀道难》诗创作年代的探究，还将会继续下去。

李白词的真伪

《菩萨蛮》（平林漠漠烟如织）、《忆秦娥》（箫声咽）这两首词最早见于宋朝人黄昇的《花庵词选》中。尽管黄昇断定是李白所作，但仍有人提出质疑，由此成了一桩难判的公案。

主张“李白所撰”者，理由是：一、宋朝和尚文莹在《湘山野录》中云，《菩萨蛮》一词发现于鼎州（治今湖南常德）沧水驿楼，不明何人所题，后来他在曾布家见到古本，才知作者是李白。这种说法是可信的。二、《菩萨蛮》《忆秦娥》二词问世之前，虽已有词作出现，但此二词实开“百代词曲之祖”，非李白大手笔莫能为。

持“非李白所撰”者认为，此二词是伪作，有的猜测是中唐以后人的造伪，有的推断属晚唐温飞卿之流所作，还有的指出是北宋人伪托李白的作品。其依据大致是：一、据唐朝人苏鹗《杜阳杂编》记载，《菩萨蛮》曲是宣宗大中初倡优之辈的作品，李白生活于玄宗开元、天宝时期，其时还没有这种曲调。二、无论是从二词的来源、词调的发展来看，还是从李白的生平和词反映的风格来考察，都难以得出李白是二词作者的结论，故李白决不是词祖。

力主“李白所撰”的人以为，“非李白所撰说”提出的论据并不能成立，辩驳的理由是：一、此二词绝非闺怨词，而是包含着巨大的历史内容，反映着盛唐的悲剧，抒发了作者的忧国情怀，因此不可能是温飞卿等人的伪托。二、《菩萨蛮》曲是古缅甸音乐，而隋唐间传入中国的域外乐曲已较为广泛，故李白以横溢的才气，即兴取之作词，也是完全可能的。三、此二词的思想感情和艺术手法，既带着李白性格的鲜明烙印，又符合李白创作的独特规律，应当是李白的作品。

应该说“李白所撰说”影响较大，而“非李白所撰说”亦非毫无道理，看来这两首词的真伪之辩仍将继续。

李白死因之谜

唐代诗坛巨星李白，于宝应元年（762）离开人间，卒于今安徽当涂，享年六十二岁。然而，李白究竟是怎么死的呢？

李白族叔李阳冰《草堂集序》曰："阳冰试弦歌于当涂，心非所好。公暇不弃我，乘扁舟而相顾，临当挂冠，公又疾亟，草稿万卷，手集未修，枕上授简，俾予为序。"唐代李华《故翰林学士李君墓志序》云："姑熟东南，青山北址，有唐高士李白之墓……（李白）年六十有二，不偶，赋《临终歌》而卒。"去李白殁时二十九年，作于唐德宗贞元六年（790）的刘全白《唐故翰林学士李君碣记》也说："君名白……天宝初……诏令归山……偶游至此，遂以疾终，因葬于此……全白幼则以诗为君所知，及此投吊，荒坟将毁，追想音容，悲不能止。"古代文献所谓"疾亟""赋临终歌而卒""以疾终"，都明白地告诉人们，李白是病卒的。

李白一生嗜酒成性是出名的，因有"醉仙"之称。玩读李白诗作，就能闻到一股浓浓的酒味。诗人的《将进酒》有"烹羊宰牛且为乐，会须一饮三百杯"，《叙旧赠江阳宰陆调》有"大笑同一醉，取乐平生年"，《赠刘都史》有"高谈满四座，一日倾千觞"，《酬岑勋见寻就元丹丘对酒相待以诗见招》有"开颜酌美酒，乐极忽成醉"，《月下独酌四》之三有“醉后失天地，兀然就孤枕，不知有吾身，此乐最为甚”。这样，学人自然将李白的死因与醉酒致命联系起来，晚唐诗人皮日休曾作《李翰林》诗云：“竟遭腐胁疾，醉魄归八极。”也即指出，李白是因醉酒致疾致命的，就连升天的灵魂都带着醉意。

学者郭沫若由“腐胁疾”得到启发，从医学角度进行研究推测，认为李白六十一岁曾游金陵，往来于宣城、历阳二郡间。李光弼东镇临淮，李白决计从军，可惜行至金陵发病，半途而归。此为“腐胁疾”之初期，当是脓胸症。一年后，李白在当涂养病，脓胸症慢性化，向胸壁穿孔，由“腐胁疾”致命，最终死于当涂。

李白爱酒，也爱月、爱狂，所以又有人把他的死因同“水中捉月”挂起钩来，这便产生了富有浪漫气息的“溺死说”。五代时王定保在《唐摭言》中云：“李白著宫锦袍，游采石江中，傲然自得，旁若无人，因醉入水中捉月而死。”此后，元代辛文房《唐才子传》曰：“（李）白晚节好黄老，度牛渚矶，乘酒捉月，沉水中。初悦谢家青山，今墓在焉。”元代祝诚辑《莲堂诗话》也说：“宋胡璞，闽中剑浦人，曾经采石渡题诗吊李白：‘抗议金銮反见仇，一抔蝉蜕此江头。当时醉弄波间月，今作寒光万里流。’苏轼见之，疑唐人所作，叹赏不置。”那么，宋代大文豪苏东坡持何看法呢？宋朝陈善《扪虱新话》记道：“坡（苏东坡）又尝赠潘谷诗云：‘一朝入海寻李白，空看人间画墨仙。’”可见，李白醉入水中捉月溺死的说法古已有之，流传广泛。

当代富有诗人气质的学者安旗在《李白纵横探》一书中，神奇美妙地描绘了李白临终的情景，写道：“夜，已深了；人，已醉了；歌，已终了；泪，已尽了；李白的生命也到了最后一刻了。此时，夜月中天，水波不兴，月亮映在江中，好像一轮白玉盘，一阵微风过处，又散作万点银光。多么美丽！多么光明！多么诱人！……醉倚在船舷上的李白，伸出了他的双手，向着一片银色的光辉扑去……船夫恍惚看见，刚才还邀他喝过三杯的李先生，跨在一条鲸鱼背上随波逐流去了，去远了，永远地去了。”的确，多少年来人们宁肯相信这位才华横溢、命运多舛的唐代大诗人，是跨鲸背仙游羽化而去的。

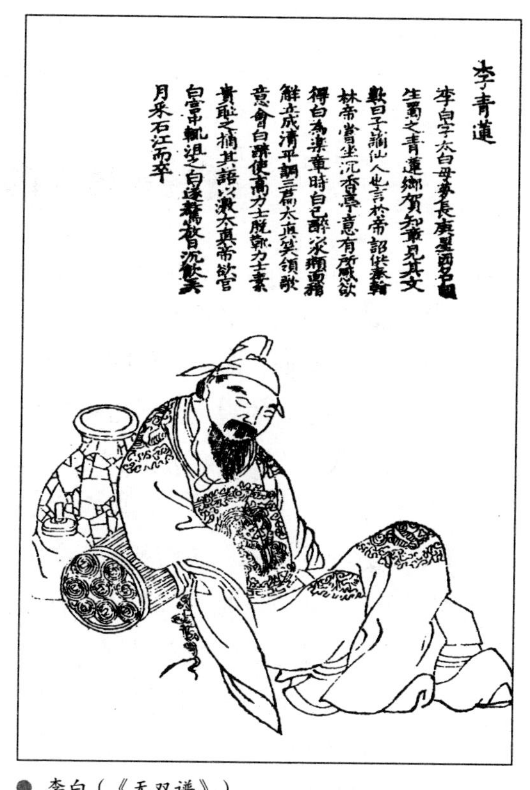

● 李白（《无双谱》）

看来，李白的死因与醉酒有关，那么究竟是病死的还是溺死的呢？清人王琦云：“岂古不吊溺，故史氏为白讳耶？抑小说多妄而诗人好奇，姑假以发新意耶？”也就是说，两种可能性都难以排除。再看唐代项斯《经李白墓》“醉死此江边”句，以及正史《旧唐书·李白传》的记载：“竟以饮酒过度，醉死于宣城。”似乎意在其中了。

《登鹳雀楼》的作者是谁

“白日依山尽，黄河入海流。欲穷千里目，更上一层楼。”这首妇孺皆知的唐诗五言绝句《登鹳雀楼》，千百年来广为流传。然而，此诗的作者究竟是谁，迄今仍是悬案。

大多数学者的观点，据北宋李昉等奉敕编纂的《文苑英华》，认为此诗是唐代诗人王之涣所作，无可置疑。

但同为北宋人的著名科学家沈括却在《梦溪笔谈》中提及鹳雀楼时，把这首绝句判归了唐朝的王文奂。无独有偶，宋代彭乘《墨客挥犀》所载，也与沈括之说相同。可见，鹳雀楼上的题诗，确实出自王文奂之手。那么，王文奂是何许人？无从考证。有人推测，他或许是一位被湮没了的诗人，因其文名不著，所作诗也被改记在王之涣名下。

也有人指出，唐玄宗天宝三载（744）芮挺章编选的《国秀集》，是现存最早的唐诗选本。它收录了王之涣的三篇诗作，并无《登鹳雀楼》诗。查该诗，竟以《登楼》为题，列在唐处士朱斌名下。据说，《国秀集》曾一度隐没，不为世人所知，至北宋哲宗元祐三年（1088）曾彦和识之，为作跋，才使它得以重见天日。由此可知，李昉等人并未见过《国秀集》，致使以讹传讹。作为旁证，南宋洪迈所编进御本《万首唐人绝句》，也将《登楼》诗归属于朱斌。清朝康熙年间

（1662—1722）纂成的《全唐诗》，则在朱斌名下收《登楼》诗，注明“一作王之涣诗”，又在王之涣名下录《登鹳雀楼》诗，同样注明“一作朱斌诗”。看来，朱斌作此诗的可能性也是存在的。

还有一种说法认为，该诗的作者是朱佐日。王士禛《池北偶谈》卷下引张景春《吴中人物志》说：“武后尝吟诗‘白日依山尽，黄河入海流’云云，问是谁作。李峤对曰：‘御史朱佐日诗也。’赐彩百匹。子承庆尝为昭陵挽诗，入高等。由是父子齐名。”从这一段记载看来，朱佐日因为这首诗受到武则天“赐彩百匹”的奖励，似乎朱佐日确有其人其事。尽管王士禛对此持否定态度，他说：“此诗，诸集皆作王之涣，之涣开元间诗人。《纪事》《诗话》亦不载佐日名字，张说不知何据。”但看来也无确凿的理由。至于“佐日”是否是朱斌的字，那就更无法确定了。

杜甫死因之疑

唐代大诗人杜甫，在忍受晚年颠沛流离、缺衣少食、疾病折磨的痛苦后，终于离开了人间。关于他的死因，历来争论不休。归纳起来，大致有四种说法。

一曰溺水而死，最早出自假冒唐朝李观名义写的《杜拾遗补遗》。此说认为杜甫过江上洲中，醉宿酒家，适江水暴涨，为惊湍漂没，其尸体下落不明。

一曰自沉而死，源于伪托唐朝韩愈名义撰的《题杜子美坟》。此说认为杜甫与屈原、李白一样，是怀沙自沉，所谓“三贤所归同一水”。

一曰食牛肉白酒醉饱而死，主要依据是唐朝郑处晦《明皇杂录》及后出的两唐书。持论者认为，杜甫于代宗大历五年（770）客衡州耒阳（今属湖南），遇洪水受阻，涉旬而不得食，后县令具舟迎之，方得还。杜甫吃了县令款待的牛肉白酒，大醉，一夕卒。现世有人从科学角度进一步推究，指出杜甫阻水耒阳方田驿，是大历五年夏。时值暑天，县令送来牛肉白酒，杜甫一次没有吃完，剩下的由于藏得不好而腐败了。腐肉是有毒的，特别是在腐败后二十四至二十八小时毒性最烈，能使人神经麻痹、心脏恶化而致死。杜甫年老多病，又有白酒加速毒素在血液中循环，故吃腐肉白酒中毒而亡是很有可能的。还有人以为，杜甫在大历五年的夏天和冬天曾两次阻水，第一次困于耒阳方田驿，脱险后食县令馈赠的羊肉白酒，并没有大醉，更没有中毒而死，有他写的《赠聂耒阳》纪事长诗为证。第二次是在“漂寓湘潭”之后，即在冬天回棹南下时，再度羁旅于耒阳县，县令又送来牛肉白酒，因饥肠辘辘吃得过多，才死于暴饮暴食诱发的急性胰腺炎。

● 杜甫（《晚笑堂画传》）

一曰老衰病死。此说在详细研究有关杜甫死因的各种史料后，提出新的解释。大历五年四月，湖南兵马使臧玠举兵作乱，杀潭州刺史崔瓘。杜甫此时在潭州（治今湖南长沙），住在舟中，半夜里惊闻，携家眷仓皇出逃，准备溯郴水投奔舅氏崔纬。但至耒阳方田驿时，受阻于洪水，半旬不得食物，后县令聂氏送来酒肉，才脱离险境，为此杜甫写了《赠聂耒阳》诗，表示感谢。因水势不退，杜甫不得不退回衡州，时在大历五年夏秋之际。大水过后，聂县令派人在江上寻找杜甫，不见踪迹，以为杜甫葬身大水，便建衣冠墓于耒阳县北，永作纪念。而实际上，杜甫已漂泊在湘江，由于长期感受风寒酷暑，加上生活艰难，病情日趋恶化，最后卧病舟中，与世长辞。

杜甫葬地在何处

与李白齐名的唐代著名诗人杜甫，晚年穷愁潦倒，通常认为他最终惨死在湘江水上的一条小船里。人们不禁要问，他死后究竟葬在何处?

据唐朝郑处晦《明皇杂录》、两唐书及《耒阳县志》记载，杜甫死于衡州耒阳（今属湖南），葬于县城北一千米耒江左畔，其墓建于南宋理宗景定年间（1260—1264），明朝时复重修。其实，早在唐宪宗元和八年（813），也即杜甫死后四十三年，他的孙子杜嗣业为实现祖父归葬祖茔的遗愿，已“启子美之柩，襄祔事于偃师”。如此看来，耒阳只是杜甫的权厝冢。

另有人据唐朝诗人元稹应杜嗣业请求而撰写的《唐故检校工部员外郎杜君墓系铭》，并参证《湖南通志》《巴陵县志》《平江县志》等有关文献，认为杜甫在耒阳死后，其子杜宗武并没有继续南下，而是举家移居岳州（治今湖南岳阳），并将葬于耒阳的父亲灵柩暂厝于此，这就是元稹在《唐故检校工部员外郎杜君墓系铭》中所说的“旅殡岳阳”。

然而奇怪的是，在今岳阳竟找不到杜甫的墓地，也无杜甫的后裔。人们究诸史籍，终于在《平江县志》中找到线索，今汨罗江畔的湖南平江县小田村有杜甫墓，还有杜甫的后裔。原来，平江在唐代称为昌江，隶属于岳州，故“旅殡岳阳”就是权葬岳州昌江。后来，杜甫的灵柩还是迁回了河南偃师西土楼村祖茔。清朝乾隆时，尽管偃师杜公墓被村民侵为麦地，但邑令朱续志还是找到了杜甫墓的遗址，并造茔树碑以示纪念。

还有人按杜氏家谱等记载，提出杜甫病卒于平江，而不是耒阳，其墓所就在平江小田村。杜甫死后，杜宗武贫困无力迁葬，也在平江病逝。这样，杜宗武、杜嗣业这一支不得不留在平江，以祭守墓地。清朝同治时，有张岳龄者，在实地考察偃师后，写了一篇《杜工部墓辨》，指出偃师既无杜甫墓，也无杜氏后代，足证杜甫墓仍在平江，并没有归葬偃师，杜嗣业也未复居故地。

● 杜甫

篆刻　郑英旻

“红豆”是传递相思之情的吗

王维的《相思》诗脍炙人口：“红豆生南国，春来发几枝？愿君多采撷，此物最相思。”红豆又名相思子，常常被有情人用来表达、传递深藏于心中的爱情，而王维采用的诗题又是“相思”，因此，这首诗历来被看做是“以一位姑娘的口吻，直率地表达了自己对爱人的深厚情谊……是古代表达爱情的诗篇中最有名的一首”。

但是，也有学者指出，这首诗是王维寄给南方友人的，认为“诗因红豆寄兴，珍惜友情，表示了长勿相忘之意”。王维究竟是为爱情相思，还是为友情相思？学者邵明珍赞同后者，理由是：首先，“相思”一词在古代确实常用来表达男女之间强烈的思念之情，但是古诗中也不乏在朋友间用“相思”的事例，如孟浩然《送王昌龄之岭南》诗中的“意气今何在，相思望斗牛”；李白《泾川送族弟錞》诗中的“寄情与流水，但有长相思”等等。其次，经考证，王维笔下的“相思”，除了《伊州歌》诗是抒写思妇对征夫的思念，其余的如《赠裴迪》《赠祖三咏》《送宇文太守赴宣城》等诗篇，都是用于表达对友人的无限眷恋和思念。其三，王维集中有大量讴歌友情、抒发朋友之间离情别绪的作品，却少有倾情表现男女情爱的篇章。他孤苦的一生，无论对故乡，对亲人，对友朋，还是对自然山水，甚至对素不相识的人都充满了深情，但却找不到什么涉及个人男女情爱的记录。他没有给后人留下什么风流韵事，偶有几首与爱情似有一点关系的作品，细推敲，也多是有感于炎凉世态的讽世之作。最后，《相思》诗的写作年代大约在天宝末年，此时的王维差不多有五十岁，早已鳏居多年。因此，说王维是为爱情而相思，不符合王维生活的实际，也不符合王维作品的本意。

如此来解释王维的《相思》诗，是否会令正在通过“红豆”传递“相思”的情人们感到“煞风景”呢？

孤烟是直的吗

在唐代诗坛上，与李白并肩而立的大诗人王维，被人称为“诗佛”，他有许多出色的边塞诗被人们广为传诵。其中著名的《使至塞上》诗曰：“单车欲问边，属国过居延。征蓬出汉塞，归雁入胡天。大漠孤烟直，长河落日圆。萧关逢候骑，都护在燕然。”诗中描写的大漠风光，使人如同身临其境，尤其是“大漠孤烟直，长河落日圆”两句，尤被视为绝唱，一如《红楼梦》第四十八回中香菱论说的那样：初一看“这‘直’字似无理，‘圆’字似太俗。合上书一想，倒像是见了这景的。若说再找两个字换这两个，竟再找不出两个字来。”

然而，史家注意的却是：诗中所说的“孤烟”究竟是什么？烟都是随风飘动的，此烟为什么是直的？

过去，大多数文人墨客认为，烟是烽火台上的狼烟。近代的一些专家也认为，边境荒凉，没有什么奇观异景，烽火台燃起的一股浓烟就格外醒目，这才成为诗人所注目的对象。宋陆佃《埤雅》：“古之烽火用狼粪，取其烟直而聚，虽风吹之不斜。”燃这烟是由晒干的狼粪点起的，据说这种烟直而聚，虽经风吹也不易斜。

不过，敦煌研究院的李正宇和甘肃安西的宁瑞栋两位学者，对照了大量文献，又经过实地考察，提出了不同的看法：当年，王维出使的边塞一带狼粪并不是唾手可得之物，事实上，狼烟也并不具有古人所说的那种“直”而“不斜”的特性。王维所描绘的“烟”，实是沙漠和戈壁滩上常见的一种天气现象——龙卷风，这是大自然的奇景之一，完全不是人为所致。

这实在是一种令人耳目一新的论说，不知是否算彻底解决了人们关于“孤烟”的疑惑？

是“朱门酒肉臭”还是“朱门酒肉香”

“朱门酒肉臭，路有冻死骨”是杜甫的名句，它明白易晓地将贵族的奢侈浪费和人民的饥寒交迫作了强烈对比，曾激起古往今来无数人的共鸣，因此千古流传，深入人心。

然而，不断有人对此诗句的含意提出别解，认为“朱门酒肉臭”的“臭”其实并不是人们想象中的“酒肉因腐烂而发臭”的意思，而恰恰是指酒肉的“香味”。其理由是，上古的“臭”字并不作形容词，而是作名词和动词。名词“臭”意为“气味”，无论是香气还是臭气，好闻的还是难闻的，都叫“臭”。如《周易·系词上》：“同心之言，其臭如兰。”这里的“臭”无疑指的是香气。又如《左传·僖公四年》：“一薰一莸，十年尚犹有臭。”薰是香草，莸是臭草，这里的“臭”自然包括了香气和臭气（作动词的“臭”意思是用鼻子闻气味，这个意义后来写作“嗅”）。既然“臭”字的意思当气味讲，那么，酒肉的直接气味自然应是香的，如明人叶敬平就有“未进君家门，先闻酒肉臭”的诗句。更重要的是，酒是愈陈愈香不会发臭的，而既然是在“路有冻死骨”的寒冬腊月，即使是肉也不会发臭。

此说一出，就引起许多人的反击，认为这是在误会杜诗，曲解名句。如汪少华就提出三条理由：

一、杜甫诗句的语意是有所本的。自古以来，将统治者的奢靡与劳动者的困苦作强烈对比的诗文不在少数，如《孟子·梁惠王上》："狗彘食人食而不知检，涂有饿莩而不知发。"《史记·平原君列传》有"邯郸之民，炊骨易子而食……而君之后宫以百数，婢妾被绮縠，余粱肉，而民褐衣不完、糟糠不厌"。就是杜甫自己，也有不少地方用了这种贫富对比，如《岁晏行》的"高马达官厌酒肉，此辈杼轴茅茨空"，《驱竖子摘苍耳》的"富家厨肉臭，战地骸骨白"等。当然，"朱门酒肉臭，路有冻死骨"两句是点化得最成功的，就如清人赵翼在《瓯北诗话》中所说的："此皆古人久已说过，而一入少陵手，便觉惊心动魄，似从古未经人道者。"可见，杜甫的这两句诗与前人的"君厨肉臭而不可食，樽酒败而不可饮"等句在遣词用意上是一致的，它的思想意义是十分深刻的，其中蕴含的激愤之情也是显而易见的。如果将"臭"字的字义释为"香"，那么，那种"荣枯咫尺异"的尖锐对照也就淡化了，这不是曲解了杜甫的深刻吗？

二、从杜诗的用词规律看，凡用到"臭"字的均不作"香"解，如"妖孽关东臭，兵戈陇右疮"等。而在说到香气时又概不用"臭"字，如泉香、稻香、梅香等。提到酒香时更不用"臭"字，如《谢严中丞送青城山道士乳酒一瓶》的"山瓶乳酒下青云，气味浓香幸见分"，《寄邛州崔录事》的"浩荡风尘际，谁知酒熟香"，《夏夜李尚书筵送宇文石首赴县联句》的"酒香倾坐侧"等。可见，"香""臭"之用的区别在杜诗中是毫不含糊的，否则，上述诸句中的"酒香"为什么无一用作"酒臭"？即便其他人诗句中的"花臭""酒肉臭"，根据上下文意可

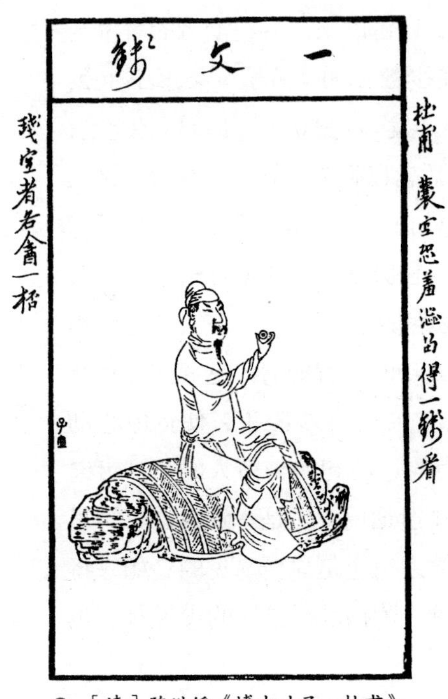

● ［清］陈洪绶《博古叶子·杜甫》

以解作“香”，但也不能证明杜诗的“臭”也作香解，因为杜诗的用词规律是我们无法忽视的。

三、以杜甫那个时代的各项条件论，酒未必愈陈愈香，冬天的肉也未必一定不臭。烈性酒出现较晚，一般认为最早不过南宋，古书中不时可见酒变酸的记载，这是因为古代的酒中杂质多，糖分多，放久了就会变酸。而肉食如不是当月时鲜，不能保鲜储藏，是更有可能腐败发臭。因此，多而郁积，久且经年，酒肉都有可能臭败不可食。而这酒肉的“多而郁积”，不正是杜甫要揭示的、与“路有冻死骨”形成强烈对照的贵族的生活情状吗？

此外，从文字发展史看，大约在汉代以后，“臭”字逐渐由名词变为形容词，专指气味难闻。如刘向《说苑·尊贤》：“厨中有臭肉。”《水经注·沔水注》：“白起攻楚，引西山长谷水即灌城……死于城东者数十万，城东皆臭，因名其陂为臭池。”可见，在杜甫所在的唐代，“臭”字的形容词用法应是十分普遍的了。

“朱门酒肉臭，路有冻死骨”，这千古名句，究竟何解？

大历十才子到底指哪十人

唐代宗大历年间（766—779），诗坛出现了所谓“十才子”。他们皆善五言诗，侧重于山水田园自然景物方面的描写，稳秀清和，一时唱和，驰名都下，形成了这一时期独特的诗风。然而，大历十才子到底指哪十人，由于史籍记载歧异，历来说法多端。

《新唐书·卢纶传》最早点出十才子的名字，认为卢纶、吉中孚、韩翃、钱起、司空曙、苗发、崔峒、耿湋、夏侯审、李端十人皆能诗，齐名于时，故号大历十才子。此后对于卢纶、钱起、司空曙、李端四人为十才子成员，并无多大异议，但其余六人是谁，却一直无法确定。

北宋江休复（字邻几）在《嘉祐杂志》中提出，夏侯审、崔峒、韩翃三人不是十才子成员，应当补入郎士元、李益、李嘉祐、皇甫曾。这样，十才子便成了十一人。南宋计有功在所撰《唐诗纪事》中又提出两种看法：一是比江邻几所说少了吉中孚，一是比江邻几所说多了吉顼、夏侯审。南宋严羽在《沧浪诗话》中，还有“冷朝阳在大历十才子中为最下”的记载。到了明朝，胡应麟在《诗薮》中指出，号称大历十才子，主要是就他们之间“游从习熟，倡和频仍”的关系来讲，按此标准，则李益等人稍晚于卢纶、钱起，把他们列入十才子，是值得怀疑的。可是，清代管世铭《读雪山房唐诗钞》，偏又重选李益，且把略早于卢纶、钱起的刘长卿也拉入十才子的行列。这样，除了卢纶等四人外，就是韩翃、刘长卿、郎士元、皇甫曾、李嘉祐、李益六人。

现代流行的大学文学史教材对十才子也有不同说法。中国社会科学院文学研究所的《中国文学史》沿用管世铭的说法，列出十才子，却在叙述时并论刘长卿和韦应物。游国恩等主编的《中国文学史》，则取《新唐书·卢纶传》的说法，但未加辨析地将李益与大历十才子并提。

由上述可知，诸说纷杂，孰是孰非，实难判定。

《簪花仕女图》出自于谁手

唐朝画家周昉，字仲朗，一字景玄，京兆（治今陕西西安）人，约生于玄宗开元（713—741）末年，卒于德宗贞元（785—805）之后，以擅作仕女、佛道宗教画著名。唐代鉴赏家张彦远《历代名画记》记周昉曰：“初效张萱画，后则小异，颇极风姿，全法衣冠，不近闾里，衣裳劲简，彩色柔丽，菩萨端严，妙创水月之体。”

现藏辽宁省博物馆的绘画珍品《簪花仕女图》，历来被认为出自周昉之手。然而，专家们经过仔细鉴别，对此画的作者及创作时间，提出各自不同的看法。

辽宁省博物馆杨仁恺经过考证，认为《簪花仕女图》系作于唐德宗贞元年间，这个时间与周昉生活的年代相吻合，故此画有很大可能出自周昉手笔。

徐邦达在《中国绘画史图录》一书中却认为，《簪花仕女图》“传为周昉所作，但以长袖垂地的服装来推断，恐怕是件晚唐时期的作品”。沈从文在《中国古代服饰研究》一书中，通过研究《簪花仕女图》中人物的装饰，则判定它是唐朝以后的人临摹的。

对《簪花仕女图》作全面系统鉴定，进而提出不同看法的学者，要推书画鉴定家谢稚柳。他在《唐周昉〈簪花仕女图〉的商榷》一文中指出,《簪花仕女图》并非周昉所作，也不是唐朝的绘画，它显示着晚于唐代不远的一种新兴风貌，还与唐朝的传统渊源保持着较密切的关系，应该是一件五代十国时期南唐的作品。其主要理由是：一、从敦煌石窟唐代壁画中，找不到《簪花仕女图》这种画派的痕迹；从唐代绘画《挥扇仕女图》等作品中，也找不到它的流风；从整个簪花仕女形象流露出的艺术风格，在唐代绘画中同样找不到例证。二、画中贵妇人的打扮、装束是非常奇特的，从隋唐以来的实物中，就现在发现的，也没能找到和它相同的形象。敦煌盛唐画《引路菩萨》下面的那个女子颇像贵族，虽然头上的高髻与《簪花仕女图》所描绘的近似，但没有巍巍花朵，两者仍有区别。三、《簪花仕女图》中妇女的头饰、花朵、赤身着纱衣的风俗民习，体现了地居南方的南唐人的生活气息。再从簪花仕女面部的眉、眼、嘴角以及手等等的描绘来看，与唐代的习性也截然不同，流露着另一种特有的艺术形体和情态，也就是南唐时代的艺术特征。四、《簪花仕女图》被视为周昉的作品，是后人判给他的。作为一件杰出的作品，没有一个赫赫大名的画家配上，就不免显得逊色。这应是此画伪托周昉之作的原因。

沈妃下落之谜

沈妃是指唐代宗李豫的妃子、德宗李适的母亲。她本是吴兴（治今浙江湖州）人，系“世为冠族”的沈易直的女儿。开元末年，以良家女子入选东宫。当时的太子李亨（即唐肃宗）将她赐给广平王李豫为妃。天宝元年（742），生下李适。

原本“母以子贵”的沈妃，却生不逢时，皇长孙妃的地位并不巩固，因为广平王另有一妃崔氏，是炙手可热的韩国夫人（杨贵妃的姐姐）之女，崔氏“挟母氏之势，性颇妒悍”，所以沈妃在宫中的处境十分艰难。也正因为这样，安史之乱时，崔氏可以从李豫至灵武，而沈妃却没有能同广平王西逃。从此，沈妃人生的历史就被改写了。

《旧唐书·后妃传下》载：“禄山之乱，玄宗幸蜀，诸王、妃、主从幸不及者，多陷于贼，后被拘于东都掖庭。及代宗破贼，收东都，见之，留于宫中，方经略北征，未暇迎归长安。俄而史思明再陷河洛。及朝义败，复收东都，失后所在，莫测存亡。”战争中，广平王一度率胡汉数十万兵马收复两京，还曾亲赴洛阳拘所探望沈妃，但终因军情紧急，仓促北上，未及安排好沈妃，致使她再次陷入敌巢。等到宝应元年（762）十月，唐军收复洛阳，沈妃已不知去向。广平王深感愧疚，四处派人寻访，但“十余年寂无所闻”。

大历十四年（779），沈妃所生之子李适即位，即唐德宗。他除了对母家“一日封拜百二十七人，诏制皆锦翠池饰，以厩马负载赐其家”外，又在第二年举行盛大册封典礼，尊沈妃为皇太后。当时，“帝再拜奉册，欷歔感咽，左右皆泣”，十分感人。中书舍人高参建议说：“汉文帝即位，遣薄昭迎太后于代。今宜用汉故事，令有司择日分遣诸沈行州县物色咨访，以述宣皇帝孝思意，冀上天降休，灵命允答。须审知皇太后行在，然后遣大臣备法驾奉迎。”于是，德宗就以睦王述为奉迎使，工部尚书乔琳副之，昇平公主侍起居，遣使者分行天下。

父子两代的大规模寻访，天下莫不知晓，于是常有自称是沈妃的人冒出来。

《资治通鉴》唐代宗永泰元年八月：“寿州崇善寺尼广澄诈称太子母，按验，乃故少阳院乳母也，鞭杀之。”唐代宗对假冒沈妃的行为不能容忍，但他对沈妃的存世一直抱着希望，因此在位期间，“皇后始终空缺”。

唐德宗建中二年（781），又有喜讯传来，当时“群臣称贺”，可惜又是一场骗局。《资治通鉴》《新唐书·后妃传》详细记载了这一曲折故事。

唐玄宗时的宦官高力士有一个养女嫠居东京，平时常常讲一些宫中旧事和秘闻，引起了宫中女官李真一的怀疑。李真一百般询问，高女的回答“含糊不坚”，使李氏更加疑惑。当年，沈妃削水果给李适吃，不小心割伤左指，正巧高女也曾剖瓜伤指，恰在同一部位。于是，李氏就认定她是失踪了的沈妃。唐德宗遣宦官、宫女前往验视，可是认识沈妃的旧宫人都已经不在了，大家只觉得她年龄与沈妃相似，于是纷纷说是。虽然高氏本人一再否认，但验视者还是将她强迎至上阳宫。

进宫之后，“上发宫女百余人，赍乘舆服御物就上阳宫供奉”。宦官、宫女邀功心切，“诱谕百方”。面对荣华富贵，高氏也心动了，“乃自言是”。验视者立即走马入奏，唐德宗兴奋得在偶日上殿，接受群臣祝贺（唐制，天子以单日接受朝贺），并且“诏有司草仪奉迎”。

高氏有个弟弟叫承悦在长安，担心日后事情败露招来杀身之祸，“遽自言本末”。唐德宗命高力士的养孙樊景超前往复验。景超见高氏居内殿，一副皇太后的派头，就对她说：“姑何自置身于俎上！”左右将景超驱赶出宫，景超大声说：“有诏，太后诈伪，左右可下。”左右皆下殿，高氏才无可奈何地吐露真言：“吾为人所强，非己出也。”于是，显赫一时的高氏“以牛车载还其家”。

唐德宗生怕以后没有人再敢言太后事，因此对这次假冒事件采取宽容政策，“皆不之罪”，他说：“吾宁受百欺，庶几得之。”从此，“四方称得太后者数四，皆非是，而真太后竟不知所之”。

元和元年（806），唐宪宗李纯即位，有司提出，多年来，“遣使者奉迎，凡舟车所至罔不逮，岁推月迁，参访理绝”，因而要求正式为沈后发丧，宪宗同意，于是上谥号“睿真皇后”，置衣冠榇，葬于代宗之陵，奉神主于代宗庙。

至此，跨越唐肃宗、代宗、德宗、顺宗及宪宗五代帝王的大规模寻找，总算告了一个段落。贵为国母却命运多舛的睿真皇后、当年的沈妃，终究不知所之。今人虽然将她的故事演绎成《珍珠传奇》之类的影视戏曲，但其下落仍是未解的千古之谜。

● 唐三彩持镜女俑

● 唐德宗（《三才图会》）

《五牛图》有何寓意

《五牛图》是唐代擅长画牛的著名画家韩滉传世不多的作品之一。

韩滉（723—787），中唐时期政治家、画家，曾任两浙节度使，官至宰相。他的作品多以农村风貌和农家生活为题材，尤以“牛羊最佳”。在《宣和画谱》著录的韩滉作品中，多为表现农村生活的，从画题上看，有《集社斗牛图》《古崖鸣牛图》《归牧图》《乳牛图》等。

此图为纸本设色，纵 20.8 厘米，横 139.8 厘米。图上五头魁梧健壮的耕牛等距离分布，分黄色、酱色、紫花几种。第一头牛低着头，似在津津有味地咀嚼草；第二头牛昂首向前看，似乎欲加快步伐赶路；居于画中央的第三头牛面向观众，似在冲着画外哞哞叫；第四头牛回首顾盼，吐舌舔嘴，眼中露出惊奇的神色，似乎拿不准该前行还是后

《五牛图》（局部）

退；第五头牛神色庄重地伫立着，此牛最特别，穿着鼻环，戴着红色璎珞。五牛虽然姿态不一，神情各异，但个个生动传神，充满质感。

《五牛图》的早期流传不详。北宋时，可能征入过内府。据明人汪砢玉《汪氏珊瑚网》载，他收藏此图时，图上还有“徽庙金书标题”。但后人并没有见过徽宗题签。不知道是这一题签丢失了，还是被人有意割掉了。此图是否进过北宋内府也就成了一个谜。南宋时，《五牛图》一度流入高宗赵构的御府。图上“绍兴”“睿思东阁”印即其时所钤。元时，《五牛图》流落民间，初为赵伯昂所获，再为大书画家、鉴藏家赵孟頫所得，“神气磊落，希世名笔”的题跋，表现了赵孟頫对《五牛图》的高度赞誉。延祐年间（1314—1320），《五牛图》被征入宫。明代，此图流入民间，先后为项元汴、汪砢玉等所有。清乾隆时，《五牛图》第三次征入内府，著录于《石渠宝笈》，从此藏宫中一百余年。1900年八国联军攻占北京，《五牛图》遭洋匪劫掠，辗转流出大陆。新中国成立后，由政府出资，将此图从香港购回，交由北京故宫博物院收藏。

●《五牛图》（局部）

《五牛图》入藏故宫时，蒙尘垢污，伤痕累累，仅在五头牛的身上，就有孔洞数百个，画心与托纸分离处也很多。残损破旧得令人难以置信这就是千百年来大名鼎鼎的《五牛图》！为了让《五牛图》重获新生，1973年，故宫博物院修复厂把修复任务交给书画修复专家孙承枝。孙先生高超的修复技术终于使《五牛图》光彩再现。

在高度赞美《五牛图》的同时，不同时代都有人对此图的蕴意加以揣测。有意思的是，处于不同地位的人得出的结论也大不相同。如元赵孟頫认为，《五牛图》表现的是陶弘景辞谢梁武帝征聘的典故。据记载，南朝梁武帝征陶弘景为官，被陶拒绝。梁武帝很不理解，他看到陶弘景《二牛图》中一头被金辔笼络，缚于庭院，另一头则在旷野的水草间自由自在地享受着生活，明白了陶弘景的心思。清高宗却不这么看。他认为，《五牛图》所表现的是汉代宰相丙吉"问喘"故事。据《汉书·丙吉传》，汉宣帝时，丙吉在路上看见有人斗殴，死伤者横七竖八躺满一地，他却置若罔闻，驱车而过。过了一会儿他看见有人赶牛，牛吐着舌头喘气时，立即停车，派人前去问赶牛人走了多远的路。他对两件事情的不同态度，引起下属议论。后来丙吉作了解释：百姓斗殴，应是地方官管的事情，等案子报上来进行审核处理就行了，身为宰相，要管的不是这些小事。但问牛却不同，当时正值春天，如果牛走不远就喘气，说明天气不到暑时就热了，这意味着节气失调。如果是节气问题，危害就大，关系着国计民生，这样的大事才是宰相应该忧虑的。

《五牛图》是否有人们猜测的深刻寓意，至少到目前为止，还没有发现任何可以佐证的材料。

《文苑图》是谁的作品

中国古代名画《文苑图》，描纭四文士相聚吟诵属文之状，人物造型逼真，动态精确，浅绛设色，格调超逸，不愧为艺术珍品。然而，此画的作者究竟是谁，说法并不一致。

传统的观点认为，《文苑图》是唐代画家韩滉的名作，证据是此画有宋徽宗赵佶的御题“韩滉文苑图丁亥御札”，下作“天下一人”押字，在四角有双龙及“宣和”年号印骑缝，右下角还有南唐墨钤朱文“集贤院御书印”一方。查考文献记载，则见于南宋《中兴馆阁录·储藏》杂画类。由此可断，《文苑图》为高手韩滉之作，其勾笔简细，微有顿挫和转折的曲线，形成了与他的《五牛图》完全不同的风格。

但是，近年来有人用《文苑图》与也有宋徽宗御题的五代南唐周文矩《琉璃堂人物图》作比较，从而得出《文苑图》的人物构图和《琉璃堂人物图》的后半幅画完全相同的结论。琉璃堂系盛唐著名诗人王昌龄任江宁丞时官衙的后厅。《全唐诗》中有晚唐诗人张乔《题上元许棠所任王昌龄厅》诗，说明王昌龄琉璃堂已成为当地家喻户晓的故实。《琉璃堂人物图》画的，也就是王昌龄及其诗友在堂下宴集的情景。

周文矩有没有可能作此画？应当是有的。周文矩曾为南唐后主时的画院待诏，具有画本地前代著名诗人王昌龄等人故事的可能性。从《文苑图》衣纹用笔颤掣来看，也近似周文矩的画法。又画中文士所戴的幞头，有折上脚，其帽围似乎有硬胎，这些都是五代的形制，与唐朝无缘。周文矩画盛唐诗人故事，不慎掺入了五代“二脚上翘”的幞头形式，是有可能的。而生活在唐代的韩滉，则不可能画出五代时的幞头形式。

那么，宋徽宗为何题《文苑图》是韩滉之作呢？此说认为，《文苑图》本无名款，宋徽宗题为韩滉之作在丁亥年（1107），是他的早年之笔。而周文矩《琉璃堂人物图》原稿的创作时间，应早于《文苑图》。可是《琉璃堂人物图》著录于宋徽宗时期编定的《宣和画谱》，时在宣和二年庚子（1120），比丁亥年反而晚了十四年，这有可能是宋徽宗前后看法起了变化，以为定《文苑图》是韩滉作品有误，便将《文苑图》改称周文矩之作，并连图名也改作《琉璃堂人物图》了。由南唐“集贤院御书印”得知，《文苑图》有可能是五代时高手仿周文矩本的节画，或为周文矩的再作，但决非后世传摹本，更不是韩滉的作品。

还有人赞同《文苑图》为周文矩之作的说法，并进而提出宋徽宗的御题是后人的作伪，画面四角的双龙及“宣和”印骑缝，也是作伪者精心谋划所致。

韩愈为什么不愿提及母亲

列为“唐宋八大家”之首的韩愈，不仅力反六朝以来的骈偶文风，写下了许多气势雄健的散文，还以文入诗，创作了不少力求新奇的诗歌，对后代影响很大。但是，有心人注意到，在他的众多的诗文中，从来没有提到过他的母亲，就连李翱所撰的《韩公行状》和皇甫湜所撰的《韩文公神道碑》《韩文公墓志铭》，也都不提韩愈的母亲。这个反常的现象究竟出于什么原因呢？

卞孝萱仔细考察了有关史料，提出了几个很有意思的观点：

一、韩愈是庶出。韩愈的长兄叫韩会，史载“善清言，有文章，名最高”，官起居舍人。大历年间（766—779）受元载案牵连，贬韶州刺史，卒于任上。其妻郑氏“浮海走陆，为返其丧”，并且一如既往地抚育他三岁而孤的弟弟韩愈。韩愈诗文中多次提到韩会，常用的是三个称呼：其一，元兄。他在《祭郑夫人文》中曰“受命于元兄”，按梁章钜《称谓录》，元兄即长兄、大哥的意思。其二，伯兄。韩愈在《复志赋（并序）》中言：“从伯氏以南迁。”又在《过始兴江口感怀》诗中云：“忆作儿童随伯氏。”按古代常以伯、仲、叔、季喻兄弟排行，因此伯氏、伯兄亦指长兄、大哥。其三，宗兄。韩愈在《考功员外卢君墓铭》中称：“愈之宗兄故起居舍人君。”古代的宗兄有两种意思，一是庶子对嫡子年长于己者的称呼；二是指族兄、同姓兄。韩会不是韩愈的族兄、同姓兄，那么韩愈称他为宗兄，就只能解释为自己是韩家年幼的庶子。查考史料，韩会要比韩愈年长约三十岁，一母所生的可能性确实极小。韩愈在为别人写的墓志铭中，习惯将墓主一母所生的兄弟称作“母兄”“母弟”，但是在他的诗文中却从来没有将韩会称作“母兄”或“同母兄”，这也可证明二人确非一母所生。

二、韩愈的生母改嫁了。韩愈对他的兄嫂感情至深，他在《祭郑夫人文》中说：“我生不辰，三岁而孤。蒙幼未知，鞠我者兄。在死而生，实维嫂恩。”在《祭十二郎文》中云：“吾少孤，及长，不省所怙，惟兄嫂之依。”古称丧父为“失怙”，丧母为“失恃”，又《礼记》郑氏注曰：“三十以下无父称孤。”韩愈只是自称“孤”和“失怙”，却不提“失恃”，本身已有疑问可寻。再看李翱的《韩公行状》言：“生三岁，父殁，养于兄会舍。”皇甫湜的《韩文公神道碑》中说：“乳抱而孤，熊熊然角，嫂郑氏异而恩鞠之。”李汉在《韩愈文集序》中说：“幼孤，随兄播迁韶岭，兄卒，鞠于嫂氏。”为什么他们不约而同地都只说韩愈丧父，不提丧母呢？卞先生分析，韩愈的嫡母即韩会的母亲先卒，韩愈的生母年轻且身份低下，故在韩愈之父韩仲卿死后便改嫁他人，于是韩愈无父无母，只得依靠兄嫂。此情还有个旁证，韩愈一直不忘乳母李氏的保育之恩，入仕后“时节庆贺，辄率妇孙，列拜进寿”。乳母卒，葬之日，韩愈“率妇孙视窆封，且刻其语于石纳诸墓为铭”。这是个空前的举动，因此人们说，葬乳母，且为之铭，从韩愈始。而韩愈为什么对其乳母这样依恋？他在《乳母墓铭》中流露真情说：“乳母

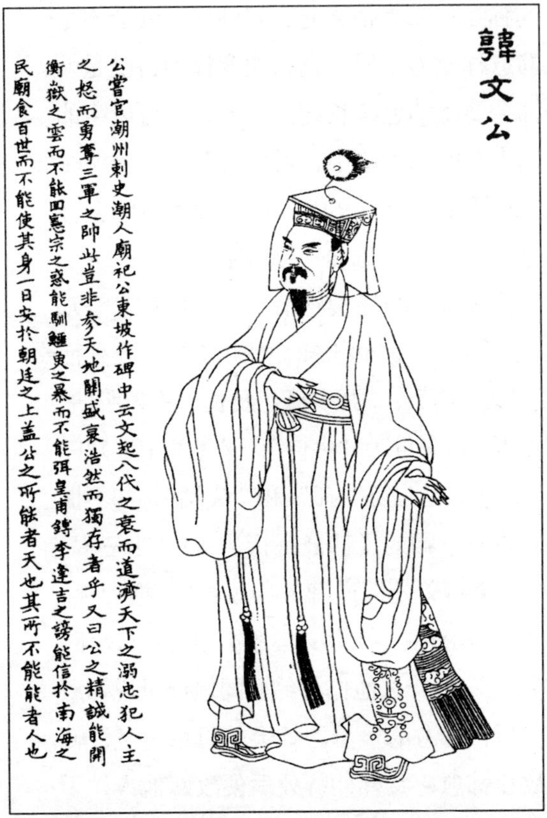

李，徐州人，号正真，入韩氏，乳其儿愈。愈生未再周月孤，失怙恃，李怜不忍弃去，视保益谨，遂老韩氏。”韩愈的嫡母死在生父之前，这里所说的“失怙恃”只能是指失父失生母。称“李怜不忍弃去”，正是感慨生母的忍心弃孤儿而去。当然，没有兄嫂的支持，乳母也无法尽保育之责，因此没有享受过父母之爱的韩愈视兄嫂如父母，把对父母的孝心完全倾注于兄嫂。

● 韩愈（《晚笑堂画传》）

更让韩愈感到身世之痛的是朝廷对韩愈嫡母的褒赠。从晋朝开始，历代皇帝都有封赠官员本身、妻室及其父母等人的荣典。白居易有《韩愈等二十九人亡母追赠国郡太夫人制》：“敕：王者有褒赠之典，所以旌往而劝来也……国子祭酒韩愈母某氏等，蕴德累行，积中发外，归于华族，生此哲人。为我荩臣，率由兹训，教有所自，恩不可忘。是用启郡、国之封，极哀荣之饰。呜呼！殁而无知则已；苟有知者，则显扬之孝，追宠之荣，可以达昊天而贯幽穸矣。往者来者，监予心焉。”白居易在此大肆渲染韩愈等人的“显杨之孝，追宠之荣”，但事实是韩愈从来没有见过嫡母，而朝廷的荣典却是给韩愈嫡母的。受褒赠者并不是“生此哲人”者，所谓“教有所自，恩不可忘”，根本不符合韩愈的身世实情。因此，面对此制，韩愈只会更加感慨自己不幸的身世。而李翱、皇甫湜等根本不将这个荣典写进韩愈的行状、碑志中，以免暴露韩愈身世的隐情。

卞孝萱认为，未见过嫡母、又没有生母抚育、从未享受过母爱的韩愈自然不会在诗文中提及母亲。韩愈的这段历史对韩愈性格的形成有着重要的影响——因为是庶出，又无父无母，唯有上进，才能自立于世，因此韩愈“自知读书为文”；由于得到兄嫂、乳母的怜悯和抚育，才得以长大，于是韩愈特别能“诱励后进”，“内外茕弱悉抚之”。

世上没有无缘无故的爱和恨，韩愈在诗文中对生母的“冷淡”，对兄嫂的“热情”，从他的身世之秘中或可得到解释。

韩愈究竟有没有服食丹药

唐代著名诗人白居易曾写过一首悼念好友元稹的《思旧》诗，诗中提到“退之服硫黄，一病讫不痊”。由于此话出自名家之口，且唐朝反佛道“猛士”韩愈的字又正好是退之，这就引起了后世的种种推测。“退之”究竟指谁？韩愈到底有没有服过丹药？历来聚讼纷纭。

五代时陶穀在所著《清异录》中首次提出，白居易诗中的“退之”确系指韩愈，并说韩愈晚年“颇亲脂粉，故事服食，用硫黄末搅粥饭啖鸡男，不使交，千日烹庖，名‘火灵库’。公间日进一只焉，始亦见功，终致绝命”。这样看来，韩愈是因误吃“火灵库”鸡于长庆四年（824）中毒身亡的。

清代考据学家钱大昕则持异议，他在《十驾斋养新录》中指出，白居易诗中的“退之”不是指韩愈，而是指当时另一个字退之的卫中立。其主要理由是：一、韩愈作于穆宗长庆三年的《太学博士李君墓志铭》，力诋归登、李虚中、李逊、李建、孟简、卢坦、李道古等诸公皆以药败，他怎么会在次年自己服丹而死呢？韩愈决不会表面上斥责别人服用丹药，而自己背地里饵硫黄求不死。二、宋朝洪兴祖《韩子年谱》有方崧卿的一条辨证。方氏据《卫府君墓志》说，与白居易同时的卫中立，也字退之，“饵奇药求不死，而卒死”。故所谓“退之服硫黄”者，乃卫中立也。

史学大师陈寅恪在《元白诗笺证稿·白乐天之思想行为与佛道关系》中谈及此事，主张“韩退之说”，力驳“卫退之说”。其主要理由是：一、白居易所结交的朋友都是第一流人物，如韩愈、元稹辈，而卫中立连进士出身也不是，是一个小人物，白居易在诗中不可能提到他。二、陶穀为五代时人，距唐元和、长庆时代不甚远，其说当有所据。白居易《思旧》诗中之“退之”，“固舍昌黎莫属矣”。

钱冬父在所著《韩愈》一书中，则提出另一种解释。认为韩愈死于服食丹药的说法并不确切，白居易对韩愈死因的记载，可能得之于传闻，而传闻出自道教徒捏造的诽谤之词，也可能“退之”另有其人，不是指韩愈。

1984年刘国盈发表《韩愈非死于硫黄辨》一文，认为“韩退之说”和“卫退之说”皆不可信，推测“退之”可能是“杓直”之误，而杓直是白居易好友李建的字。其理由是：一、白居易结交的朋友并非都是第一流人物。陶穀虽距唐元和、长庆时代较近，但比起唐代乃至韩愈的同时代人来说，就显得远了。唐代乃至韩愈同时代的人，谁也没有说过韩愈是服丹而死的。二、白居易与韩愈只是泛泛之交，凡是比较亲密的朋友死去，白居易通常留下悼念性的文字，而对韩愈的死，他从未写过任何悼念性的诗文，怎么会在《思旧》诗中突然提到他的死因呢？可见，“退之”不是指韩愈。三、卫退之的确食丹而死，但他与白居易可以说毫无交往，故白居易诗作中的“退之”，也不会是指卫退之。四、在白居易的朋友中，既然无食丹而死的“退之”，那么

“退之”两字或许就是“杓直”之笔误，而杓直是李建的字，他是白居易的好友，也死于服丹。白居易在一些诗文中曾屡次提到他，从《思旧》诗的情理看，“退之”指李建的可能性是存在的。

上述诸说皆是推测，白居易所指的是韩退之、卫退之、李杓直，还是唐代别有第四个“退之”，看来仍有待进一步考证。

● 韩愈

篆刻　郑英旻

唐顺宗死因之谜

唐顺宗李诵是唐代在位时间最短的一位皇帝，仅八个月。唐宪宗元和元年（806）正月，顺宗突然去世。据《旧唐书》《资治通鉴》等记载，唐顺宗是病逝的，对此学术界一直也没有怀疑过。20世纪60年代，不少学者通过研究正史和笔记小说，对于唐顺宗的死因，提出了与之前截然不同的看法，认为唐顺宗是被宪宗李纯和宦官合谋杀害的。此后，这两种观点在学术界长期争论不休。

卞孝萱是首位提出唐顺宗被杀观点的学者。卞先生举出三个理由来支撑自己的观点：第一，宦官欲立李纯为太子而杀害顺宗。唐顺宗是德宗的长子，德宗有意立顺宗为太子，但以刘广奇、俱文珍等为首的宦官集团比较偏向于舒王李谊。贞元二十一年（805），德宗病重，欲召见顺宗，被身边的宦官百般阻挠而未能成行。德宗崩，在卫次公的帮助下，顺宗艰难登基，于是采取了一系列抑制宦官势力的措施，故宦官对他恨之入骨。宦官俱文珍逼迫顺宗传位于李纯，又将顺宗杀害。第二，元和元年正月十八日，唐宪宗“诏以太上皇旧恙愆和，亲侍药膳”，第二日，顺宗崩于兴庆宫。由此，卞先生认为，这在历史上是较为罕见的，有理由相信宪宗与宦官秘丧一日，是故意先公布太上皇的病恙，以此来掩饰顺宗被杀害的真相，这种做法无疑是欲盖弥彰。

第三，李复言《续玄怪录·辛公平上仙》中的人名系假托，因李复言是永贞革新的参与者，他假托传奇小说隐晦地表达了顺宗是被宪宗和宦官合谋杀害的事实，以抒发悲愤之情。

张铁夫对卞先生的观点则提出了诸多质疑。首先是《续玄怪录》的作者，张先生认为，在这篇小说中，一会儿称李生，一会儿称复言，按古人名卑字尊的传统习惯，称人用字以示尊崇，称己用名以示谦卑，自称李生、复言都应表示自谦。但事实是，复言是其字，李谅是其名，这不合逻辑。其次，《续玄怪录》多记神仙道术、因果报应等奇闻轶事，其来源多是道听途说，根本没有可信度。张先生认为，《辛公平上仙》的本义是劝诫扬善，并无政治投射之意。

由上观之，唐顺宗到底是病逝，还是被宪宗和宦官所杀，仍然是一个难解之谜。

今本《顺宗实录》出自谁手

宋代史学大家司马光在《资治通鉴考异》中说："(宋)景祐中，诏编次《崇文总目》,《顺宗实录》有七本，皆五卷，题曰：'韩愈等撰'。五本略而二本详，编次者两存之。其中多异同，今以详、略为别。"显见，司马光称《顺宗实录》有详本和略本两种，各为五卷。又据《旧唐书·韩愈传》记载，唐人韦处厚也曾撰三卷本的《顺宗实录》。人们不禁要问，今本《顺宗实录》究竟出自谁手呢？司马光提到的略本《顺宗实录》，是否就是韦处厚撰的三卷本《顺宗实录》？对此，长期以来形成两种不同的观点。

一说今本《顺宗实录》出自韦处厚之手。瞿林东先后发表《韩愈与〈顺宗实录〉》和《关于〈顺宗实录〉的几个问题——兼答张国光同志》两篇论文，认为韦处厚先修者三卷，韩愈等后修者五卷，略本应属韦处厚，详本出自韩愈等人。作者又以今本《顺宗实录》与《资治通鉴考异》对校，发现今本无一事与详本合，却适合略本，由此得出今本《顺宗实录》之作者"非韩属韦"的结论，并推断韩愈等人所修的《顺宗实录》大约亡佚于北宋末靖康之难时。因为韦处厚不如韩愈知名，他的名字遂为韩愈所替代，而原来的三卷也就被传抄者分成五卷，以求符合韩愈所作之数。

一说今本《顺宗实录》为韩愈等人所撰。张国光发表《今本〈顺宗实录〉非韩愈所作辨——兼与瞿林东、胡如雷同志商榷》一文，提出今本《顺宗实录》就是韩愈等人修撰的，认为韦处厚撰成三卷本后，监修李吉甫以为过简，没有批准，遂将此未定稿交付史馆修撰韩愈，令其重修。韩愈等就以韦处厚本为蓝本，进行修改、补充，定《顺宗实录》五卷，经宪宗皇帝审订而成。韦处厚本虽成书在前，但不可能外传。

又司马光所见《顺宗实录》，有详略两种，均题韩愈等撰，皆为五卷。其详本是韩愈改定本无疑，那么其略本出自谁的手笔呢？原来，《顺宗实录》略本是文宗时路隋奉诏修订的另一定本，它大体保存了韩愈等撰本的面貌，只是“详正刊去”了德宗、顺宗朝的禁中诸事，在内容和文字上较韩愈等人的撰本要简略。由于路隋的删改仅限于一定范围，撰者姓名与原书之卷数就不应有所变更。用旧史书所引《顺宗实录》的内容对照今本《顺宗实录》，发现有的与今本不同，有的不见于今本，恰好说明今本确实是一个略本，但这个略本并非韦处厚撰本，而是经路隋修订的韩愈等人编撰的本子。

刘禹锡究竟出生于何地

唐代刘禹锡（772—842），字梦得，是一位具有独特风格的著名诗人和杰出散文作家。人们在品味刘禹锡作品的同时，自然很想了解他的生平事迹。那么，首先就遇到一个问题：刘禹锡究竟出生于何地？

卞孝萱、吴汝煜合著的《刘禹锡》一书，作者经过仔细考证，认为刘禹锡是我国北方少数民族匈奴族的后裔，其七世祖刘亮内迁，才占籍洛阳。此后，其父刘绪因避安史之乱，随家族东徙，在苏州寓居下来。唐时苏州领有吴、嘉兴、昆山、常熟、长洲、海盐六县，刘禹锡就诞生并生长于嘉兴（今属浙江）。

可是，郭广伟《刘禹锡生地考辨》一文，提出不同的见解，认为刘禹锡的出生地不是嘉兴。刘禹锡《送裴处士应制举》诗云：“忆得当（一作童）年识君处，嘉禾驿后联墙住。垂钩钓得王馀鱼，踏芳共登苏小墓。”尽管嘉禾驿、苏小墓、王馀鱼产地都在嘉兴，但“联墙住”并非联墙生；刘、裴二人共登苏小墓，至少已经十几岁，上距刘家东迁已将近三十年。况且，唐代仕宦人家子女游学或寄居他方，其家长在某地做官，也是常事。刘禹锡在另一些诗文中，还自称山东人，在江南仅仅是“作客”，显见他并非出生于嘉兴，而是长大后为避乱或游学才到那里的。

刘禹锡不是出生在嘉兴，那么出生于何地呢？郭广伟经过考证，指出他出生于徐州埇桥，埇桥今属安徽宿州。刘禹锡《子刘子自传》说，其父刘绪东迁，为东诸侯所用。所谓“东迁”，是由洛阳、荥阳向东，指河南、淮西（北）、徐州一带，而不是由秣陵、丹阳向东，迁徙到嘉兴一带。嘉兴与洛阳、荥阳相对而言，应当称“南”“吴越”，不宜称“东”。所谓“东诸侯”，当指淮楚间、彭城（今江苏徐州）一带的诸侯，而非指丹阳一带的诸侯。依发现于日本的影宋本《刘梦得文集》，刘绪东迁后为淮西从事，而不是浙西从事。刘绪任盐铁副使，作为盐铁使刘晏或穆宁的从事，于埇桥主务，是隶属于淮西的。刘绪晚年不可能成为浙西观察使、诸道盐铁使王纬的从事。这样看来，刘绪寓居地是淮西，而不是浙西。此外，与刘禹锡同时代的权德舆、白居易等多称他为彭城人，这应当不仅是指刘禹锡的“旧望”，也是指他的出生地。

其后，卞孝萱《〈刘禹锡生地考辨〉质疑》一文，力斥“徐州说”，仍然坚持“嘉兴说”。认为刘禹锡《送裴处士应制举》等三篇诗文，都说自己幼童时居住、活动于苏州、湖州一带。所谓“至少已经十几岁”的说法，是不能成立的。联系《子刘子自传》所载刘绪“举族东迁”，由埇桥“罢归浙右”，可证刘绪的家确在苏州嘉兴。显然，刘禹锡应生于住的地方，而不当生于不住的地方。他以洛阳为籍贯，荥阳为故乡，苏州嘉兴为寓所，自称“余少为江南客”，是符合实际情况的。

据唐朝李吉甫《元和郡县图志》记载，宿州、苏州都在东都洛阳东南面，只有远近差别，没有方位不同。所以，刘绪东迁，既然有可能迁到淮西先属徐州、后属宿州的埇桥，也是可以迁到苏州的。唐人称苏州一带为东、东南的例证，并不少见，至于“东诸侯”，通常可指岭南，可指淮南、江南、江西，可指朗州，甚至可指潇湘一带，这也就包括了苏州、常州、润州一带。

再查文献记载，德宗贞元十年（794），只有浙西观察使、润州刺史、诸道盐铁使王纬，才能给刘绪做盐铁副使，派他主务于埇桥，没有其他人有这种权力。所谓刘绪为“淮西从事”，据能见到的刘禹锡集子其他三种版本，均作“浙西从事”，而这三种本子中就有影印宋绍兴本，故依诸本作“浙西”，是可靠的。又盐铁副使通常由正使表荐，而淮西节度使没有一个兼领过盐铁使，说明他们不可能表荐刘绪为盐铁副使。此外，刘绪主务的埇桥，只在肃宗上元二年（761）很短时间改属淮西，他时并不隶属淮西。

刘禹锡出生地到底是在嘉兴还是在徐州，看来尚难定论。

元稹有没有“变节”

元稹（779—831），字微之，河南洛阳人，是唐代新乐府运动的核心人物，给后世留下了许多名篇佳作。他在担任左拾遗、监察御史时，曾对权贵、藩镇、宦官的不法行为进行过多次弹劾，有“直道”之誉。然而，元稹后来究竟有没有依附权贵、藩镇、宦官而“变节”，学术界的看法存在歧异，是一桩公案。

卞孝萱《元稹“变节”真相》一文，对史学大家陈寅恪在《元白诗笺证稿》中提出的元稹“变节说”，进一步作了阐发。此说认为，元稹本有“直道”之声，但后来投靠藩镇、宦官，位至宰相。据史书记载，元稹连中明经、拔萃、才识兼茂明于体用三科，颇得考官裴垍的指示和赏识，此后又以“直道”赢得了已升任宰相的裴垍的信任。元稹在《文蘽自叙》中云：“予始以对诏在拾遗中供奉……仍为裴度、李正辞、韦缥讼所言当行，而宰相曲道上语，上颇悟，召见问状，宰相大恶之，不一月，出为河南尉。”裴度等人均是裴垍的亲信，元稹支持他们同权贵斗争，是为了得到裴垍的信任，虽遭贬官，但并不太懊伤。果然，不久裴垍提拔他为监察御史。昔日的“暂黜”，成了日后“升腾”的政治资本。

元和四年（809）元稹在任奉使剑南东川道时，曾揭发该道及山南西道节度使、刺史的不法行为。使还，朝廷令元稹分务东台，他在洛阳继续弹劾“权宠臣”的不法行为。次年春，朝廷召元稹还京，途中宦官用马鞭打伤了他的脸，宪宗皇帝包庇宦官，再贬元稹为江陵府士曹参军。元稹曾作《思归乐》诗曰：“我虽失乡去，我无失乡情。惨舒在方寸，宠辱将何惊……况我三十二,百年未半程。江陵道涂近，楚俗云水清……身外无所求，眼前随所营。此意久已定，谁能苟求荣。所以官甚小，不畏权势倾。”由此看来，元稹这次再遭贬谪，仍不太悲观，他相信裴垍，期待着裴垍对自己更大的提拔。

可是，元和六年裴垍病卒，元稹失去依靠，便不再“酣歌”“负气”，而是惶惶不可终日了。他在《感梦》诗中说出自己的心声：“前时予掾荆，公在期复起。自从裴公无，吾道甘已矣！”这就是元稹“变节”的自供状。此年宦官的走狗严绶接任江陵尹、荆南节度使，成了元稹的顶头上司，连好友白居易也为元稹担忧。谁知严绶到任后，不但没有对元稹进行报复，反而恩顾偏厚，说明元稹巴结严绶成功。元和九年严绶移山南东道节度使，奉命讨伐对抗朝廷的淮西吴元济，宦官崔潭峻随作监军，他们把元稹也带去。元稹《葬安氏志》云：“适予与信友约浙（淛）行，不敢私废。”所谓“信友”，当不是指“府主”严绶，而是指宦官崔潭峻，可见他与宦官的交结。其后，元稹依附宦官崔潭峻、魏弘简，竟荣登大位，官至宰相。

但是，吴伟斌《也谈元稹“变节”真相》一文另辟新说，认为元稹并无“变节”行为，理应与白居易一样，在中国文学史上占有应有的地位。

他认为，裴垍谢世后，元稹失去有力的支持，处境的确困难，但他仍与裴垍亲党裴度等保持密切联系，斗争决心依然十分旺盛。其《哀病骢呈致用》诗云“半夜雄嘶心不死”，《送友封二首》诗云“为言腰折气冲天”，《答姨兄胡灵之见寄五十韵》诗云“此生如未死，未拟变平生”，可见其一斑。其间，尽管他没有惩办过违制的权贵，但这是无权使然，政治气节未变。白居易晚任江州、刘禹锡外放朗州、柳宗元出谪永州等等，无一不是如此。以斗争方式的变化为依据，断定他变节是不妥的。

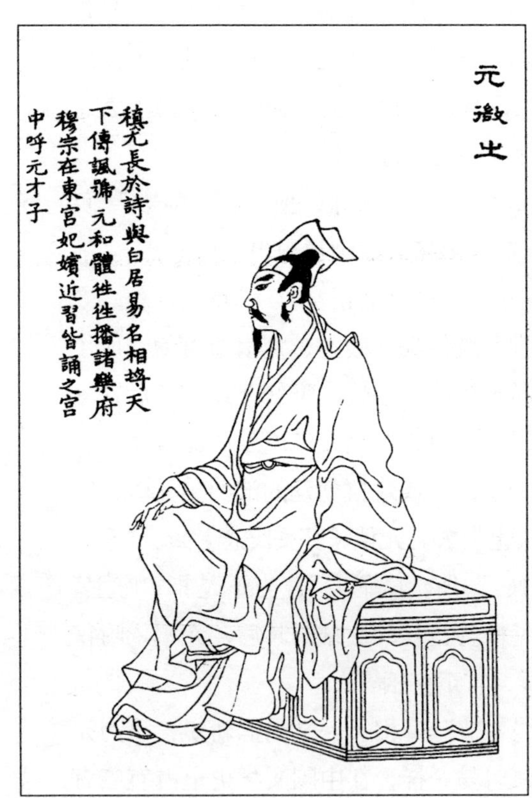

● 元稹（《晚笑堂画传》）

严绶是朝廷派出的官员，与世代相袭的镇将不一样。元稹巴结上司严绶有之，但说他巴结藩镇则不实。细读元稹在江陵时的诗作，其中有《奉和严司空重阳日同崔常侍崔郎及诸公登龙山落帽台佳宴》等七首与严绶有关，均是一般应酬之作，并无过分的阿谀奉承。严绶讨淮西，元稹曾代他撰写过三篇书表文告，斥责地方割据势力藩镇，表明的立场是正确的。至于所谓“信友”一词，意为诚实不欺、严守信用的朋友，而崔潭峻以内常侍出为监军使，职权实在节度使之上，元稹作为青衫从事，品位低贱，怎么会随便称与己品位悬殊的崔潭峻为“信友”呢？元稹江陵任及其后，曾三次遭到有宦官参与的诬陷和打击，外贬长达十四年，而崔潭峻身为元和宦党重要成员，却始终坐视不救，想见两人关系极为一般，不能算是“信友”，也谈不上元稹依附宦官。

白居易是胡人吗

唐代著名诗人白居易的作品，如《长恨歌》《琵琶行》等，通俗畅达，千百年来广为流传。然而，这位大诗人究竟是胡人还是汉人呢?

一种观点认为，白居易先祖为西域胡人，而非汉族人。其主要理由是：一、据宋朝孙光宪《北梦琐言》记载，白居易之从弟白敏中曾与毕诚、曹确、罗劭权等共执宰相大权，崔慎猷曰："可以归矣！近日中书（省）尽是蕃人。"既然白敏中为胡人，白居易也当为胡人。二、白居易曾为从侄僧人白寂然撰过《沃洲山禅院记》，文中说："厥初有罗汉僧西天竺人白道猷居焉……大和二年春，有头陀僧白寂然来游兹山……六年夏，寂然遣门徒僧常贽自剡抵洛，持书与图，诣从叔乐天乞为禅院记云：昔道猷肇开兹山，后寂然嗣兴兹山，今日乐天又垂文兹山。异乎哉！沃洲山与白氏其世有缘乎?"由此可知，白道猷是"罗汉僧西天竺人"，白居易自认是他的本家，也当为胡人了。

另一说，白居易是汉族人。白居易曾作《故巩县令白府君（锽）事状》，提及族系时曰："白氏芈姓，楚公族也。楚熊居太子建奔郑，建之子胜居于吴楚间，号白公，因氏焉。楚杀白公，其子奔秦，代为名将，乙丙已降是也。裔孙曰起，有大功于秦，封武安君，后非其罪，赐死杜邮……及始皇思武安之功，封其子仲于太原，子孙因家焉，故今为太原人。自武安以下凡二十七代，至府君高祖讳建，北齐五兵尚书，赠司空。曾祖讳士通，皇朝（唐）利州都督。祖讳志善，朝散大夫，尚衣奉御。父讳温，朝请大夫，检校都官郎中。公讳锽，字钟，都官郎中第六子……公有子五人：长子讳季庚，襄州别驾……次讳季般，徐州沛县令。次讳季轸，许州许昌县令。次讳季宁，河南府参军。次讳季平，乡贡进士。”白居易是襄州别驾白季庚之子，而白季庚之族系清楚，白居易自称汉人，应当是可以相信的。

我们知道，白居易膝下无子，晚年闲居洛阳履道里，修香山寺，以醉吟为乐，死后葬于香山如满师塔之侧。那么，后世居住洛阳的白氏出自哪一支呢？今存洛阳白书斋处的《白氏谱系序》稿本说：“幼文（白居易兄）有三子：景回、景受、景衍，以景受承继居易，故洛阳白氏，均景受之后裔。居易为始祖，传至今已五十余代。”原来，白居易兄子白景受过继给他，洛阳白氏皆为白景受之后裔，而奉白居易为始祖，由此洛阳白氏也当出自汉族。

但是，现世仍有人坚持白居易为胡人的观点。如顾学颉《白居易世系·家族考》一文，认为白居易“祖先并不是汉族，而是西域龟兹国的王族；曾经役属西突厥，为西突厥统治下的十部落之一的鼠尼斯部。因龟兹国境内有白山，故汉朝赠其王姓白，一直到唐代未变”。其主要文献依据是《后汉书·班超传》的记载：“今宜拜龟兹侍子白霸为其国王……明年（永元三年，91）……以超为都护……拜白霸为龟兹王，遣司马姚光送之。”实际上，白居易是知道自己胡族血统的，其假冒汉族人，只是为了抬高身价，不被人轻视为寒族。由此看来，围绕白居易族属问题的争论，还将继续下去。

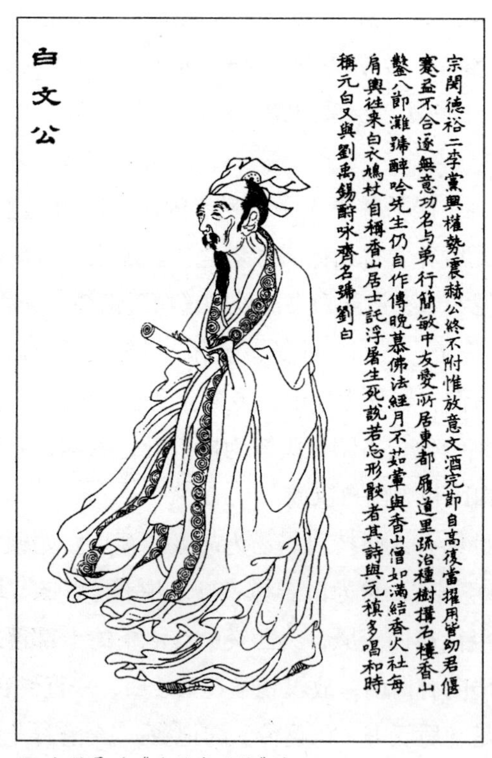

● 白居易（《晚笑堂画传》）

白居易墓在何地

唐武宗会昌六年（846），醉吟先生白居易在东都洛阳病卒，按照他本人的遗愿，不归故里，就葬于香山如满师塔之侧。千百年来，人们相信白居易的墓，就在洛阳龙门的香山，凡是来往洛阳经过龙门，都要到香山白居易的墓前祭奠。

然而，1964年冬，洛阳轴承厂在龙门东南山麓（即大万伍佛洞东南570米处）兴建工人疗养院时，挖出大批唐代长砖、方砖、板瓦及筒瓦，并有绿色釉残莲花瓣瓦若干。此外，还发现房基一座，内有石柱础和石质莲花佛座。有人据此认为，这里是唐代香山古寺的遗址，并进而推断如满禅师的坟塔，必在香山古寺附近，不可能在距上述遗址甚远的龙门香山西北坡，由此否定了现存白居易墓的真实性。

但是，另有人经过仔细考证，坚持认为唐代香山古寺遗址，不可能在大万伍佛洞东南一带，如满禅师塔的位置，仍应在龙门香山的西北坡，而现今在西北坡的白居易墓，就是他葬地的真正遗址。其主要理由是：一、据《唐语林》《华严经传论》等有关文献记载，唐代香山寺应在从香山主峰绵延而下的山南半坡，而绝不是在龙门山的东南麓。现存的香山寺是清康熙四十七年（1708）奉旨修建的，位于香山的北坡，在白居易墓附近。新香山寺移向白居易墓，从侧面证明白居易墓的真实性。二、白敏中曾为从兄白居易立碑，其地点就在香山西北岩，可证迄今仍坐落于此地的白居易墓，是可靠的。西北岩面对伊阙，眼望神都，且地形宛如一把躺着的曲颈琵琶，是再好不过的风水墓地，故僧人要葬于此地，白居易也遗命把自己的墓安排在这里。三、据日本学者冢本善隆《支那佛教史研究：北魏篇》一书介绍，宣宗大中十年（856）日本和尚智证大师园珍及园觉等，曾去洛阳龙门西山的北半坡，隔河望见白居易的墓。从洛阳伊阙地形看，在西山北半坡所见到的，只能是香山西北岩的白居易墓地，而不可能是大万伍佛洞东南一带。此外，大中十年上距白居易卒年仅十年，当时坟茔依然，不会有误。

以上两种推测，一依考古发现，一据文献资料，究竟哪一说符合史实呢？

西湖白堤成因之疑

杭州西湖白堤，绵亘于一池碧水之上，令古今中外游人心旷神怡。然而，白堤究竟是如何得名的，其成因如何呢？

一说白堤是唐朝诗人白居易任杭州刺史时所筑，之所以称白堤或白公堤，是为了纪念白居易筑堤的功绩。

一说白堤本名白沙堤，因与白居易的姓恰好相同，故后世牵强附会，误称白公堤。其实，白居易的《钱塘湖春行》诗“最爱湖东行不足，绿杨阴里白沙堤”已明白告知，在他之前白沙堤早就存在。

一说白堤并非人工建筑，是自然沉积而成，其时间当在西湖之前，很可能与海湾变成泻湖的过程同时。西湖本是一个海湾，钱塘江水自南面吴山东麓流入，沿西湖南、西、北山脚线作弧线运动，到达北山脚下时再转向东去，最后从宝石山东头流出。这样，挟带一定泥沙的水流，在运动过程中，由于弧山岛口的阻挡和分股绕行岛体南北面时摩擦力增大，必然导致动能减少和流速变慢。动能和流速降低的最大值，应发生在分流于岛东头重新汇合处。于是，泥沙在这一点上沉积下来，又不断地把汇合点向前推进，久而久之，便在两股水流的汇合面上，沿水流方向堆出了一条沙堤。

一说白堤不是自然沉积后形成，而是人工堆积而成，它的生成年代在西湖之后，很可能修筑于隋朝。其主要理由是：一、西湖由泻湖演变而来，从锦带桥钻孔剖面上，可以看到亚黏土层顶部还有一层约40 厘米的褐灰色泥炭层。由于泥炭层只有在沼泽里才能产生，所以西湖应有过沼泽化现象，时间大约距今 2500—1400 年，相当于历史上的春秋战国到隋朝。既然人工填土是直接覆盖在泥炭层之上，显见白堤的形成当在西湖形成之后。二、据史籍记载，秦朝时西湖尚未形成，至北魏始提及“金牛湖”，西湖初步形成，而白居易诗中又是首次提到白沙堤。由此推测，白堤当形成于南北朝前后这段时间，很可能在隋朝，其历史大背景是大运河的开凿。

白堤存在于唐朝之前，非白居易所筑，似无可怀疑；至于白堤的成因，两说各执己见，仍莫衷一是。

诗人韦应物之谜

韦应物是唐代著名诗人，京兆万年（今陕西西安）人。少年时以三卫郎事唐玄宗，肃宗时入太学读书。曾为洛阳丞，因惩治犯法的军士而被讼弃官。后历任京兆府功曹，滁、江等州刺史。唐德宗贞元四年（788），由左司郎中为苏州刺史，罢职后卒于苏州，世称韦左司或韦苏州。韦应物性高洁，所在必焚香扫地而坐，结交者皆一时名士。他的诗清幽淡远，似不食人间烟火，因而白居易赞之为"（韦）苏州五言诗高雅闲淡，自成一家之体"；朱熹说他的诗"无一字造作，直是自在气象"；王世贞更是称赞他的诗"平淡和雅，为元和之冠"。后人或将他与陶潜并称"陶韦"，或与王维、孟浩然、柳宗元并举，称"王、孟、韦、柳"。

可惜的是，这样一位诗人，新、旧《唐书》都没有为之立传，以致后人对其身世了解十分有限。于是，宋代有一位叫沈作喆的，就替韦应物作了补传，说他在罢苏州刺史后，还做过太仆少卿兼御史中丞，又曾为诸道盐铁转运江淮留后，其间还曾得到过当时的苏州刺史刘禹锡的推荐，时在唐文宗大和年间（827—835）。

这就引起了人们的猜疑：其一，曾事唐玄宗的韦应物到唐文宗大和年间被刘禹锡推荐，间隔将近有七八十年，即使他事玄宗时是少年，

● 韦应物
篆刻　郑英旻

此时也有九十多岁高龄，恐怕连走路都十分困难了，还能出去当官？其二，如果韦应物晚年当过太仆少卿兼御史中丞，为什么没有人称他为“韦太仆”或“韦中丞”呢？要知道唐代以官爵尊称别人已成惯例，如杜甫晚年任检校尚书工部员外郎，人称杜工部；白居易晚年任太子少傅，人称白傅；刘禹锡晚年任太子宾客，即被称作刘宾客。显然，韦应物晚年若出任上述官职，也应有韦太仆或韦中丞之称出现。其三，从韦应物的诗作中可以了解到，他的晚年是在苏州度过的。他在一首《寓居精舍》诗中诉说道：因为家贫，无法筹措路费，不能回到京师，对长安的故居也只能徒存梦想。未来的日子里，他还必须自谋生计，租田督促子孙耕种自给。由于年岁渐大眼昏目花，不能再读书写字，所喜的是隐居后身闲心清，远离了名利角逐之场，不敢再撄是非了。据此可见，韦应物寓居苏州时，已是老眼昏花，连读书写字都感困难了，并且早已萌生了远离是非之心，怎么再有可能应刘禹锡之推荐呢？

对此，前人也曾有过论说。如宋朝的范成大在考证《吴郡志》的时候说：“天宝元年至大和六年计九十一年，应物于天宝间已年十五，不应能至大和间也……禹锡所举，或别是一人也。”明代的胡震亨在《唐音癸签》中说：“今考《白乐天集》有书与元稹论应物云：‘其诗身后人始知贵’，此书作元和中……则应物殁已久矣，当另是同姓名一人耳。”近代岑仲勉也提出两个疑点：一、以白居易诗兴以及他对韦应物的仰慕之情，如果是与韦应物同时，必定会与韦前辈有所唱和，但事实上却没有，这说明白居易在苏州刺史任上时，韦应物已去世多年了。二、刘禹锡在苏州刺史任上曾有荐韦应物的自代状，但其中却只字未提韦应物曾做过苏州刺史，又是位大诗人，这岂不反常？岑先生的结论是："是知前后两应物。并非同人，诗人未尝登遐龄至百余岁也。"

那么，韦应物的后半段仕历是否后人伪造的呢？也不是，因为有刘禹锡的自代状可作证。由此看来，刘禹锡推荐的韦应物并不是做过左司郎中、当过苏州刺史的诗人韦应物，而是做过太仆少卿兼御史中丞等官职的另一个韦应物。至于后一个韦应物的生平，由于史料的阙如，同样是我们所无法深入了解的。

众说纷纭的“江枫渔火”

“月落乌啼霜满天，江枫渔火对愁眠。姑苏城外寒山寺，夜半钟声到客船。”这首七绝《枫桥夜泊》，是唐朝诗人张继（字懿孙）的佳作，脍炙人口，多少年来广为流传。然而，诗中“江枫渔火”一语究竟作何解释，却一直是个谜，令后人难以捉摸，由此引出颇多争议。

《唐诗鉴赏词典》对“江枫渔火”是这样解析的：“江枫”是因枫桥这个地名引起的一种推想，或者是选用“江枫”这个意象，给读者以秋色秋意和离情羁思的暗示。“江枫”与“渔火”，一静一动，一暗一明，一江边一江上，景物的搭配组合颇见用心。

然而，有人经过考证，认为诗中的“江枫”，是实指当时寒山寺前的两座桥。“江”指江村桥，“枫”指枫桥。两桥咫尺相对，并与江面上的“渔火”相望，作者以此寄托旅人愁肠。

宋朝龚明之《中吴纪闻》则断定“江枫渔火”就是“江村渔火”之误，“江村”即指江村桥。清代经学家俞樾（字荫甫，号曲园）在重刻《枫桥夜泊》诗碑的碑阴作附诗，也曰：“幸有《中吴纪闻》在，千金一字是江村。”俞樾虽倾向于“江枫”应为“江村”的看法，但在其重刻的诗碑中，却依旧写作“江枫”。

另一位宋代学人周遵道在《豹隐纪谈》中又出一说，认为枫桥本作封桥，是宋朝人王珪书张继诗刻石时，将“封”改为“枫”的，后代相承沿袭下来。照此看法，如果“江枫”指两座桥，理应写作“江封”才是。

后世有人还主张，先有张继的诗，后有江村桥，是好事者取诗中“江村”一词定的桥名。所谓“江村渔火”，正符合唐代苏州一带是水泽渔村的地理环境。

今人达文在《“江枫渔火”与“江村渔父”》一文中再发新解，提出“江枫渔火”实应为“江村渔父”，是江边小村和渔民的泛称。“江村”是指与寒山寺隔河相望的一个小村，附近河流较阔，可以停泊，当年作者很可能就是停泊于此；“渔父”是指以打鱼为生的渔民。

张继的这首《枫桥夜泊》是唐诗三百首中的名篇之一，读来回味无穷，就是在日本国也被列入小学教材，为日本人所家喻户晓，影响极为广泛。而由“江枫渔火”引发的诸多说法，也许会给读诗者增添更浓的情趣。

寒山寺古钟觅踪

苏州寒山寺有幸得到唐代诗人张继《枫桥夜泊》诗的吟咏，才享誉千古，垂名中外。尤其是绝句中提到的那口古钟，多少年来一直令人向往，现世日本游客甚至在岁末之夜专程赶到寒山寺聆听“夜半钟声”，并引以为幸事。然而，今天寒山寺悬挂的已非昔日古钟，而是一口清朝铸的钟和一口日本铸的钟。人们不禁要问，古钟究竟到哪里去了呢？

寒山寺始建于南朝梁武帝天监年间（502—519），原名妙利普明塔院，古钟也为当时所铸。相传，钟声异常洪亮，夜深人静时敲响，远在十几里以外的苏州城内也能隐约听见。到了唐代，因高僧寒山、拾得住寺，故更名为寒山寺。可惜，元朝末年的战祸殃及寒山寺，古刹毁于一旦。后屡经修建，又多次遭火灾，日益衰败，连珍贵的古钟竟也不知去向。明代嘉靖时，本寂禅师主持重新建楼铸钟，文人墨客相继为之作疏刻碑，但好景不长，《寒山寺志》说“钟遇倭变销为炮”，再度毁于战火。直到清朝光绪三十二年（1906），江苏巡抚陈夔龙重修寺庙，铸铜为钟，悬于寺内西侧的八角钟楼上，经学家俞樾还补书了张继的诗，刻成诗碑立在寒山寺碑廊。与此同时，日本各界人士募捐集款，由小林诚义等一批优秀工匠精心制作，铸成一对青铜奶头姐妹钟，一口悬于日本馆山寺，一口送到苏州寒山寺，挂于大雄宝殿内。当时日本首相伊藤博文还撰写铭文和铭诗刻于钟上，其诗云："姑苏非异域，有路传钟声。勿说盛衰迹，法灯灭又明。"

可是，后世所见的清钟和日本钟，毕竟已不是张继提到的那口古钟，因此有人对寻找古钟饶有兴趣。清末康有为曾到苏州寒山寺游览，留下一首感慨万千的七绝："钟声已渡海云东，冷尽寒山古寺枫。勿使丰干又饶舌，他人再到不空空。"在题款中又云："唐人古钟已为日人取去。"康有为到过日本，学识渊博，然而"古钟已为日人取去"的说法，仅仅是一种推测呢，还是确有根据，实在不得而知。大多数日本人自然也认为古钟流入日本，伊藤博文在日本钟铭文中就说："姑苏寒山寺，历劫年久，唐时钟声，空于张继诗中传耳。尝闻寺钟转入我邦，今失所在，于山田寒山搜索甚力，而遂不能得焉。"伊藤博文"尝闻寺钟转入我邦"的说法，究竟是否可靠，也难确考。

综上，古钟亡佚已成事实，那么这口令人神往的古钟，是否还留存于世？是在中土还是流出了国门？仍是难解的谜。

谁是“锄禾日当午”诗的作者

“锄禾日当午，汗滴禾下土。谁念盘中餐，粒粒皆辛苦。”这首唐诗读来朗朗上口，是妇孺皆知的绝句佳作。然而，此诗究竟出自何人之手呢？

一说此诗的作者，是唐朝诗人李绅。李绅（772—846），字公垂，无锡（今属江苏）人，元和进士，是中唐时期新乐府运动的倡导者和实践者之一，与著名文人白居易、元稹等交往甚密。元稹称李绅说：“予友李公垂，贶予《乐府新题》二十首，雅有所谓，不虚为文。予取其病时之尤急者，列而和之，盖十二而已。”显见，李绅的诗风，与“锄禾日当午”诗的格调相一致。《全唐诗》收录李绅的诗，题《古风二首》，又称作《悯农二首》，其中之一就是“锄禾日当午”，另一首诗为：“春种一粒粟，秋收万颗子。四海无闲田，农夫犹饿死。”两首诗的意义相同。

一说“锄禾日当午”诗的真正作者，应该是唐朝另一位诗人聂夷中。此说的主要理由是：一、《全唐诗》于聂夷中和李绅名下分别收录这首五言绝句，李绅《古风二首》诗后无篇章互见的说明，而在聂夷中《田家二首》诗后，加了一个脚注，称“锄禾日当午”等四句一作李绅诗。后来，人们选注聂夷中诗，干脆不取“锄禾日当午”等四句，这才引起误传。二、影印宋刻本《全芳备祖》列“锄禾日当午”诗于聂夷中名下，所辑《田家二首》诗全文曰：“父耕原上田，子斸山下荒；六月禾未秀，官家已修仓。锄禾日当午，汗滴禾下山；谁念盘中餐，粒粒皆辛苦。二月卖新丝，五月粜新谷；医得眼前疮，剜却心头肉。我愿君王心，化作光明烛；不照绮罗筵，只照逃亡屋。”而此书在李绅名下仅收录“春种一粒粟”等四句，可见古人把这首诗判归了聂夷中。三、聂夷中（837—？），字坦之，河东（治今山西永济西南）人，咸通进士。《唐诗纪事》说：“（聂夷中）奋身草泽，备尝辛楚，尤为清苦。”聂夷中出身贫寒，入仕后仅做过县尉小吏，对农民的疾苦比较了解，才有如此贴近生活的诗句。《全唐文》共收聂夷中诗一卷，诸如《田家》这类题材的诗歌占四分之一，看来“锄禾日当午”诗的作者，非聂夷中莫属。

以上两说都有道理，而一般认为作者是李绅，其实并非定论。

卢仝究竟死于何因

中唐著名诗人卢仝，一生不愿仕进，曾作《月蚀》诗讥刺宦官专权，颇有名声。《全唐文》卷六八三卢仝小传云："仝，范阳人，隐居少室山，自号玉川子，以谏议征不起。甘露之变，因宿王涯第被害。"然而，卢仝究竟死于何因呢？

传统的观点认为，卢仝死于甘露之变。文宗大和九年（835）十一月的一天，经过周密策划和部署，宰相李训等指使亲信韩约，向文宗奏报左金吾厅后面的石榴树上有甘露，意欲诱使左右中尉仇士良和鱼弘志等带领宦官往观，谋加诛杀。当仇士良等人到那里时，恰巧风吹幕起，暴露了伏兵。仇士良等发觉有诈，急忙奔还，劫夺文宗进入宫内，随后疯狂反击，大杀朝官，宰相李训、舒元舆、王涯等皆遇害，这就是甘露之变。那么，作为布衣的卢仝，怎么会死于甘露之变的呢？元代辛文房的《唐才子传》记载最为详细，曰："时王涯秉政，胥怨于人。及祸起，仝偶与诸客会食涯书馆中，因留宿，吏卒掩捕，仝曰：'我卢山人也，于众无怨，何罪之有？'吏曰：'既云山人，来宰相宅，容非罪乎？'苍忙不能自理，竟同甘露之祸。仝老无发，奄人于脑后加钉。先是生子名'添丁'，人以为谶云。"这是说甘露之变发生时，卢仝恰好留宿于宰相王涯家中，宦官仇士良遣吏卒收捕王涯，碰上了卢仝，遂遇害，并加钉于脑后。卢仝有子名添丁，这是应了谶语。

但是，现代有人经过仔细考证，对卢仝罹甘露之祸的说法，提出了质疑，以为卢仝并非死于甘露之变，而是染上严重疾病后去世的。其主要根据是：一、《旧唐书》《新唐书》《资治通鉴》等可靠的历史文献，并未留下有关卢仝罹难的记载。如果卢仝确实死于甘露之变，五代、北宋时的修史大家决不会漏载。二、《资治通鉴》卷二四五云："（仇）士良等命左、右神策副使刘泰伦、魏仲卿等各帅禁兵五百人，露刃出阁门讨贼。王涯等将会食（诸宰相每日会食于政事堂），吏曰：'有兵自内出，逢人辄杀！'涯等狼狈步走，两省及金吾吏卒千余人填门争出；门寻阖，其不得出者六百余人皆死。……王涯徒步至永昌里茶肆，禁兵擒入左军。"依这段记载，王涯是从宫中逃到茶肆后被宦官捕获的，当时并不在家，故作为客人的卢仝，不可能会食、留宿其家。至于卢仝死时被脑后加钉，以应"添丁"之谶，显然更不足凭信。三、卢仝的同乡贾岛曾作《哭卢仝》诗，其中写道："平生四十年，惟著白布衣。天子未辟召，地府谁来追？长安有交友，托孤遽弃移。"由"托孤"一语，可知卢仝死时孩子尚幼小。又据宪宗元和六年（811）韩愈所作《寄卢仝》诗中："去岁生儿名添丁"句，证明其子添丁生于元和五年。如果卢仝罹甘露之祸，添丁时已二十六岁，早已成家立业，不可能有"托孤"之语。四、贾岛称卢仝死时为四十岁或四十岁稍出头，再从卢仝《示添丁》诗中"不知四体正困惫，泥人啼哭声呀呀"和"气力龙钟头欲白，凭仗添丁莫恼爷"诸句来看，应是添丁三、四岁时的情景。由此推知，添丁三、四岁，卢仝已四十岁或四十岁稍出头，这时诗人已染上严重疾病，大约于元和七年或八年死去，并没有经历甘露之变。

《清明》诗作者之谜

“清明时节雨纷纷，路上行人欲断魂。借问酒家何处有？牧童遥指杏花村。”这首七绝诗是唐代诗人杜牧的名作，千百年来，以其真切的意境、清俊生动的文字而广为传颂。直至今日，每当雨季来临，“清明时节雨纷纷”之句仍会为众多妇孺脱口而出，仍有许多酒馆酒铺，打着杏黄旗，以“杏花村”命名，杜牧的名字也因此而家喻户晓。但是，古往今来，有关这首诗的作者，却常常有人提出异议，不少人怀疑这首诗根本不是杜牧所作。文伯伦就持这种意见，他的理由是：

一、《清明》诗的渊源十分可疑。最早的杜牧诗文集是他的外甥裴延翰编次的《樊川文集》二十卷。裴延翰在文集的序中说，杜牧临终前“始少得恙，尽搜文章阅千百纸掷焚之，才属留者十二三”。由此可见，杜牧对自己传世的文章要求极高，自选极苛，保留下来的只是生平所作的十之二三。或许正是由于杜牧自己的从严挑选，因此，从晚唐直到北宋的漫长过程中，后人曾反复收集编纂杜诗刻本，但都未曾见有此诗著录。

《清明》诗最早见于南宋刘克庄（1187—1269）的《分门纂类唐宋时贤千家诗选》。但刘克庄所选的《千家诗》可疑之处甚多，历来对这个选本评价不高。而后来研究唐诗的各家名著，如《万首唐诗绝句》

《全唐诗》《唐诗别裁》《唐诗三百首》《樊川外集》等都没有认为此诗是杜牧所作。要言之，在南宋刘克庄之前及之后的各家诗选、包括杜牧诗文刻本，都不见有《清明》诗著录，而唯一收录此诗的《千家诗》，又是个不甚可靠的选本。

二、典籍记载的可疑。这首《清明》诗，唐人未提到，北宋人未提到，那么，始见此诗并予以著录的刘克庄就应该在他的著作中提到。然而，刘克庄在《后村诗话》中虽然多次提到杜牧，其中具体涉及杜牧的诗达十多首，甚至还提到了他的《阿房宫赋》，但却没有只字提到《清明》诗。相反，刘克庄在《后村诗话·前集》卷一中甚至认为《樊川续集》《樊川别集》中有非杜牧诗混入。刘克庄既然已经注意到杜诗的散佚和混入，那么一旦他发现有新的杜牧的轶诗，不会不在他的《诗话》中给予浓墨重彩的一笔。

此外，认为此诗为杜牧所作者，常常引《江南通志》的记载来证实其论点。《江南通志》说唐诗人杜牧任池州刺史时，有“清明时节雨纷纷”一诗，还指出杏花村就在池州旧治（今安徽池州西南）城西，城附近有一湖，其名就叫“杜湖”。方志记载虽言之凿凿，然而，古今修地方志者，大多喜欢攀龙附凤，将有关著名人物引入，以增加本地之文采风流，这是古往今来修志的通病，因此，后人所修的《江南通志》实在难以成为《清明》诗作者的确证。

三、诗风与杜牧的一贯风格不一致。杜牧对诗歌创作的见解十分明确，他主张“凡为文以意为主，以气为辅，以辞彩章句为之兵卫”，又自称“某苦心为诗，本求高绝，不务奇丽，不涉习俗”。虽然《清明》算不上绝对的“习俗”诗，但毕竟是和“本求高绝”并不一致的。所以，各家文学史在论述杜牧时，都没有举这首诗。论及杜牧的诗风，许多评论家的意见颇为一致，认为杜牧的诗风是“豪而艳，宕而丽”。“豪”是感慨淋漓，挺拔警悍，“宕”是情韵悠长，清新多变，而婉丽则是文采风华，婉约生姿。《清明》诗的风格情调显然与此是很不一致的。

为什么《清明》诗会冒名顶替，最后成为杜牧的名作呢？文伯伦认为问题出在流播的过程中。随着印刷术的发展，宋代的启蒙读物大为流行。《百家姓》《童蒙训》《三字经》等均风行一时。刘克庄编的《千家诗》也就在这时传播开来。《千家诗》选编较为粗糙，作品不署作者名者甚多，于是就极有可能遭人窜入改易，混乱姓名。至于《清明》一诗为什么假托于杜牧，这可能是因为杜牧长期在江南一带任刺史，较为人熟知，同时也因为他已有许多怀古的诗脍炙人口，深得人心，再附会一首，不至于遭人排斥否定。

《清明》诗如果不是杜牧所作，那又出于谁之手呢？这个问题还是一个谜。人们只能猜测这首诗是南宋人所作，因为它的风格不近于盛唐，而更接近于宋诗。宋人写此诗而不署其名，这可能与当时“爱国有罪”的时代背景有关了。而其“雨纷纷”“欲断魂”的意境确实很接近南宋人的凄楚之心。至于后来的人们，往往只从诗中看到一种羁旅漂泊，在感伤中又自我排解的内容，这很容易引起各种类型的游子的共鸣，因此在俗文学中广为传唱。而到了近现代，它又无数次地被选入教科书、童蒙读物和文学史著作中，连牙牙学语的孩童都可以说出它的作者是杜牧。于是，谁要是说此诗不是杜牧所作，反成了咄咄怪事了。

《清明》的作者究竟是不是杜牧？这一问题至今还无法取得共识。只是，往后您再读此诗的时候，大概就不能轻率地肯定说“《清明》，唐代杜牧所作”了。

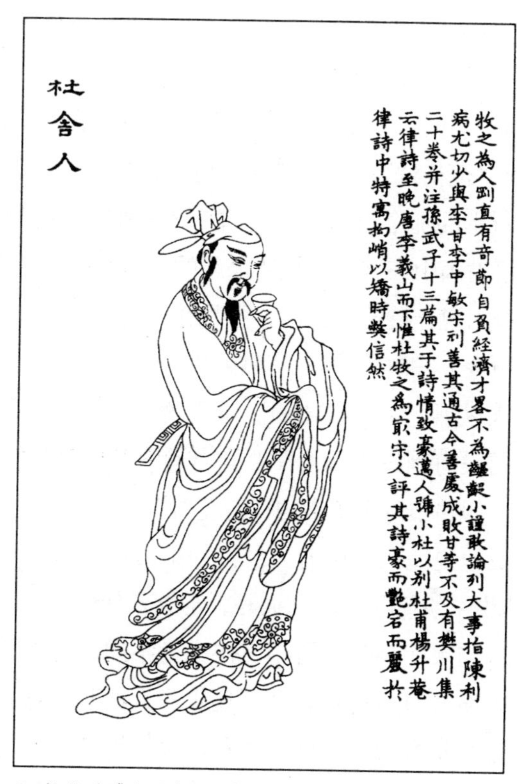

杜牧（《晚笑堂画传》）

杏花村究竟在何处

唐代诗人杜牧的《清明》诗，是一首广为流传的佳作。然而，诗人笔下的“杏花村”究竟在何处呢?

一、泛指说。此说以《唐诗鉴赏辞典》为代表，认为杜牧诗中“牧童”所指的“杏花村”，不一定是真村名，也不一定即指酒家，而只是“牧童”所指的那个杏花深处的村庄，美丽的村庄里有一家小小的酒店，正等候着雨中来客。杜牧所描绘的意境，确实让人回味无穷。

二、山西汾阳说。持论者指出，杜牧作《清明》诗应当有感而发，描写了晋中平原令人陶醉的景象，诗中“杏花村”，是指山西汾阳的杏花村，那里历来以盛产“甘泉佳酿”汾酒著称。可是，根据学者缪钺考证，杜牧生前没有到过山西汾阳。这样看来，山西汾阳杏花村虽然有美景和佳酒，却并非诗人所指的“杏花村”。

三、安徽贵池说。执此说的人经过仔细考证，提出三条理由：其一,《清明》诗中“纷纷”细雨的描写，与烟云伏地的江南春雨具有的特点相吻合，而与爽朗高旷的晋中气候大为不同。处于长江南岸的贵池，向多杏花，城西有杏花村，今天还出产大曲和葡萄酒。可见，贵池的杏花村，是具备春雨、江南、杏花、美酒等条件的地方，诗中的“杏花村”，理应在此。其二，安徽贵池，唐代称池州，是杜牧宦游之地。诗人曾在武宗会昌四年（844）九月由黄州刺史迁池州刺史，任期达两年之久，直到会昌六年九月才离开池州，调任睦州刺史。也就是说，杜牧完全有可能在池州期间写《清明》诗。其三，清人郎遂写过《贵池县杏花村志》，收入杜牧这首诗，后来《江南通志》也收录该诗，并称诗中的“杏花村”在贵池。

四、江苏丰县说。主张这种说法的人提出的理由是：其一，据诗意，作者对周围的情况并不熟悉，所以《清明》诗应是杜牧途中之作。考杜牧年谱，他曾三次取道运河，经扬州、宋州（治今河南商丘南）、汴州（治今河南开封）入京，而丰县杏花村，就在运河至宋州道上，因此杜牧过丰县境吟出一首佳诗，是极有可能的。其二，宋代文豪苏轼写过一首有关丰县朱陈村嫁娶图的诗，其中写道：“我是朱陈旧使君，劝农曾入杏花村。而今风物那堪画，县吏催钱夜打门。”尽管苏诗描写的是遭破坏后的丰县杏花村，但诗意似乎与一百多年前的杜诗暗合，故苏诗所指的杏花村，应当就是杜牧笔下的“杏花村”。其三，始修于明代的《丰县志》收录杜牧的《清明》诗，而郎遂《贵池县杏花村志》成书于清代，是晚出之作，显见明人所言更早更可信。

牛李党争的焦点是什么

朋党之争，是中国古代社会较为常见的现象。而发生于唐后期的牛李党争，则是持续最久、斗争最为激烈、最具代表性的一次。由于此次党争表现出极其复杂的人际关系，故历来学术界对它的看法和评价不一。尤其是牛李党争的焦点是什么？学者们各抒己见，众说纷纭。

一种观点认为，牛李党争的焦点是科举与门阀之争。最早提出并首次进行系统研究的是陈寅恪。他认为，李德裕一派代表北朝以来的山东高门世族，重门第、尚经学，以谨守礼法、门风为特征：牛僧孺一派则代表高宗、武则天以后由进士科进用的新兴阶级，重科举，尚文辞，以浮华、放浪著称。因此，牛李党争的焦点是在对待科举制的态度上。这一观点在学术界被诸多学者接受。韩国磐《隋唐五代史纲》认为：“牛指以牛僧孺为首的进士科出身的、代表着庶族地主阶层的势力；李指以李德裕为首的依靠门第的、代表着士族门阀的势力。”又云：“这里既有争权夺利的斗争，也有对改革的要求，而且首先由要求改革发生的。”很显然，这里的改革，是以提高科举取士、打压门荫入仕为主要对象的。

另有一种观点认为，牛李党争的焦点是对待藩镇的态度，并不是科举与门阀之争。胡如雷《唐代牛李党争研究》一文，在对牛李党争的焦点是科举与门阀的观点提出批判的同时，又提出了一种较为新颖的观点。胡先生认为："牛李之争的焦点是什么呢？过去传统的看法是牛党重进士科，李党'抑浮华'而重门第，即把双方对科举制的不同意见当作最主要的斗争焦点。但两党成员的身份、出身极其复杂，用这一标准划分很难做到一刀齐，甚至力持此说的陈寅恪也发现，牛党中的李宗闵、牛僧孺及李珏等代表人物，'俱是北朝以来之旧门及当代之宗室'，而李党的中坚人物如陈夷行、李绅、李回、李让夷等'复皆以进士擢第'。可见用双方对进士科的不同政策划分两党成员，是非常牵强的。唐代后期统治阶级内部的最大纷争，莫过于频繁不绝的藩镇战争，牛李两党对藩帅自擅、叛乱所持的政见是泾渭分明的，双方成员往往围绕着这一问题展开尖锐的斗争……对于父死子继、以下叛上的藩帅，李党历来主张坚决打击，无情镇压；牛党则一贯持姑息养奸、息事宁人的态度。"

还有一些学者对上述观点提出异议，如周建国《关于唐代牛李党争的几个问题——兼与胡如雷同志商榷》一文，既不同意以科举制作为划分两党的标准，也不赞同以对待藩镇的态度作为划分两党的标准。他认为："从政治主张上看，无论牛党或李党都没有明确统一的政治纲领，在具体的施政纲领措施上，两党内部也不是很一致的，往往夹杂着个人意气及人事纠葛。"

牛李党争与唐后期的治乱兴衰密切相关，一直以来为学者所关注。到底牛李党争的焦点是什么？看来，这一问题还会继续讨论下去。

李商隐是否介入牛李党争

唐代诗人李商隐（约812或813—约858），字义山，号玉谿生，怀州河内（今河南沁阳）人。李商隐的一生，基本上与长达四十年之久的牛李党争相始终。所谓牛李党争，是指中晚唐时期以牛僧孺、李宗闵为代表的一方，与以李德裕为代表的另一方，两个官僚集团之间的斗争。那么，李商隐有没有介入牛李党争呢？历来说法不一。

《旧唐书·李商隐传》云："（李）商隐幼能为文。令狐楚镇河阳，以所业文干之，年才及弱冠。楚以其少俊，深礼之，令与诸子游。"又云："王茂元镇河阳，辟为掌书记，得侍御史。茂元爱其才，以子妻之。茂元虽读书为儒，然本将家子，李德裕素遇之，时德裕秉政，用为河阳帅。德裕与李宗闵、杨嗣复、令狐楚大相仇怨。商隐既为茂元从事，宗闵党大薄之。时令狐楚已卒，子绹为员外郎，以商隐背恩，尤恶其无行……令狐绹作相，商隐屡启陈情，绹不之省。"这就是说，李商隐介入了牛李党争，他早年为牛僧孺党重要成员令狐楚所重视，后又为李德裕党成员王茂元所器重，并娶其女为妻。由于李商隐"背恩"，故遭到牛党令狐楚之子令狐绹等诋毁。及令狐绹升任宰相，李商隐虽然不断地向他上书献诗，希望他引荐自己，却终被冷落。著名史学家陈寅恪在《唐代政治史述论稿》中指出，李商隐是先党牛后党李，出入于两党之间。他认为：“李商隐之出自新兴阶级，本应该始终属于牛党，方合当时社会阶级之道德。乃忽结婚李党之王氏，以图仕进。不仅牛党目以放利背恩，恐李党亦鄙其轻薄无操。斯义山所以虽秉负绝代之才，复经出入李牛之党，而终于锦瑟年华惘然梦觉者欤！”

然而，清代学者徐湛园持异义，说“唐之朋党，二李为大，牛僧孺为李宗闵之党魁，故又曰牛李。杨嗣复、李宗闵、令狐楚与李德裕大相仇怨。义山为楚门下士，是始乎党牛之党者也……徐州归后，复以文章干绹，乃补太学博士，是终乎党牛之党矣”。这是认为，李商隐属于牛党。

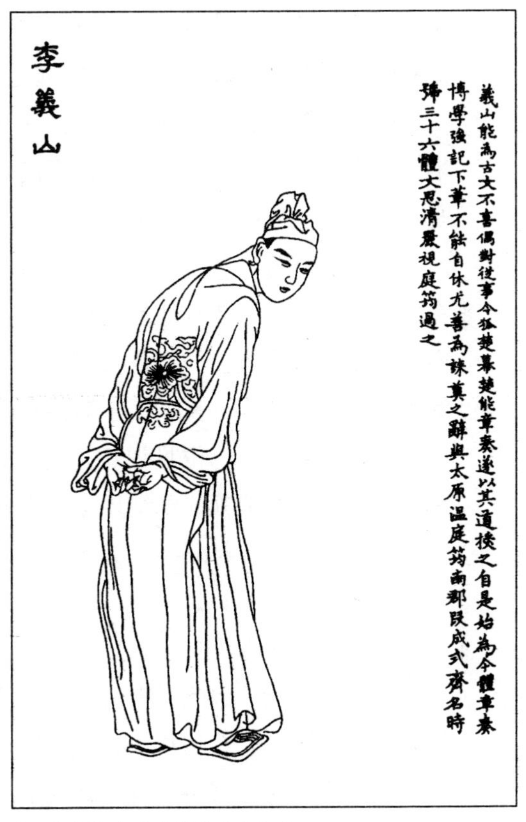

● 李商隐（《晚笑堂画传》）

另一位学者朱鹤龄则在《笺注李义山诗集序》中，首肯“赞皇（李德裕曾封赞皇县伯）之党”理直，认为李商隐就王茂元等，“未必非择木之智”。张采田《玉谿生年谱会笺》进一步指出：“要之，以党论，义山与其谓之牛党，无宁谓之李党。朱氏（鹤龄）所谓李党者，据其迹也；余之所谓李党者，原其心也。”此说也以李商隐属李党。

当代一些学者经过研究，在撰文和著书中再出新解，认为《旧唐书·李商隐传》的记载不可信，李商隐与牛李党争其实并无关系，他既不属于牛党，也不属于李党。归纳主要理由是：

一、李商隐与令狐楚是师生关系，谈不上党属。此后，李商隐与令狐绹的隔阂，主要是他们的地位、政见及性格截然不同造成的。李商隐对令狐绹由最初的怀抱希望，到后来的失望，产生隔阂，终至于绝交，是十分自然的事，应与党派纷争无关。

二、李商隐是一位见识超迈的人，无论是对牛党，还是对李党，都不曾有过什么狼狈的结纳现象。李商隐交游很广，却从不问对方的党属，他的作品既有酬赠牛党人士的，也有酬赠李党人士的，绝对没有视自己为牛党或李党。

三、考察王茂元的社会交往，尤其是他与李德裕的关系，可知他并不是李党成员。因此，李商隐赴王茂元泾原幕，并娶其女为妻，都是无可非议的，谈不上去牛就李。李商隐的原始动机或许是为了仕进，主观上并不认为会冒犯牛党，客观上却触怒了牛党成员，遭到令狐绹的排斥和打击，以致潦倒终生，这是封建统治阶级中一个下层官吏和沉沦人物的悲剧。

黄巢生死之谜

黄巢是唐末农民起义的首领之一，曾率起义军转战南北，攻克唐都长安，建立大齐政权，坚持斗争达十年之久。唐僖宗中和四年（884），起义军最终归于失败，黄巢本人的生死结局也随之成了谜。历代探究者不乏其人，但至今难以定论，归纳起来，主要有三说。

一说黄巢兵败被杀。《旧唐书·黄巢传》曰："黄巢入泰山，徐帅时溥遣将张友与尚让之众掩捕之。至狼虎谷，巢将林言斩巢及二弟邺、揆等七人首，并妻子皆送徐州。"此说认为，黄巢兵败退至山东泰山狼虎谷，被外甥林言所杀。

一说黄巢计蹙自杀未果，最后请林言帮助结束生命。《新唐书·黄巢传》记载这一史实说："时溥遣将陈景瑜与尚让追战狼虎谷，巢计蹙，谓林言曰：'我欲讨国奸臣，洗涤朝廷，事成不退，亦误矣。若取我首献天子，可得富贵，毋为他人利。'言，巢出也，不忍。巢乃自刎，不殊，言因斩之，及兄存，弟邺，揆、钦、秉、万通、思厚，并杀其妻子，悉函首，将诣溥。而太原博野军杀言，与巢首俱上溥，献于行在，诏以首献于庙。"这种说法比较详细地描写了黄巢兵败被杀的过程，认为林言不忍下手，黄巢最后自刎未遂，才由林言受托毙其命。

一说黄巢兵败后遁逸为僧。这种说法主要以野史、笔记小说为依据，认为起义军战败后，黄巢没有死，而是虎口脱险，做了和尚，并得以善终。其理由是：一、官修或钦定的史书决不敢直书黄巢遁逸得脱之类的事，两唐书、《资治通鉴》等史书的记载值得怀疑，借助于野史、笔记小说的零碎记载，从中可以寻找更符合事实的答案。二、宋朝邵博在《河南邵氏闻见后录》卷十七中，早已指出：“（唐）中和四年六月，时溥以黄巢首上行在者，伪也。东西二都旧老相传，黄巢实不死，其为尚让所急，陷太（泰）山狼虎谷，乃自髡为僧得脱，往投河南尹张全义。”从实情看，若说林言杀黄巢于狼虎谷，献首于徐州，两地相距约五六百华里，快马也要三天路程，而徐州至成都行在所，相距三四千里，马不停蹄，日夜兼程，也需二十天。当时又值盛暑，“函首”恐怕早已腐臭不堪了，更何况黄巢兄弟六七人，难言其中就没有与黄巢状貌类似者。三、宋朝人王明清《挥麈后录》转引陶穀《五代乱离纪》说，黄巢遁逸后祝发为僧，有诗云：“三十年前草上飞，铁衣著尽著僧衣。天津桥上无人问，独倚危栏看落晖。”邵博也说，他曾多次到相传黄巢舍居过的洛阳南禅寺游览，见壁上画有黄巢服僧衣之像，“其状不逾中人，唯正蛇眼为异耳”。据时人说，寺中更有故写真绢本尤奇，黄巢题诗其上云，“犹忆当年草上飞，铁衣脱尽挂僧衣。天津桥上无人识，独凭栏干看落晖。”尽管另一位宋人赵与时在《宾退录》中指出，流传的所谓黄巢诗作，是取唐诗人元稹的两首《智度师》诗拼合而成，但他对黄巢有可能遁逸并未加以否定。四、宋人多种笔记认为，黄巢兵败后遁入空门，做了和尚，又依河南尹张全义，舍于洛阳南禅寺，最终迁居明州（治今浙江宁波南）的雪窦山，法号“雪窦禅师”。张端义的《贵耳集》还说，黄巢“临入寂时，指脚下，有‘黄巢’二字”。南宋时，雪窦山上尚有黄巢的墓，每年邑官遣人祀之。黄巢兵败遁逸后的事迹，被描绘得如此细微生动，因此黄巢未被杀害的可能性也就存在。然而，若想确定黄巢的结局，尚有待新史料的发现和研究的深入。

尚让下落之谜

唐末农民起义军的重要人物尚让，于唐僖宗乾符元年（874）与其兄尚君长随王仙芝揭竿起义，乾符五年王仙芝在黄梅失败牺牲，起义军遭受严重挫折。此后，活动于河南嵖岈山（在今河南遂平西南）的尚让，会集余部北上投奔转战在亳州一带的黄巢，重整旗鼓。黄巢建立大齐农民政权，自立为帝，尚让任太尉兼中书令，地位仅次于黄巢。然而，尚让的结局究竟如何，长期以来说法不一。

传统观点据《旧唐书》《新唐书》《资治通鉴》及《平巢事迹考》等有关史书记载，认定中和四年（884）尚让在起义军最后失败时，率部众叛变投降了唐军徐州节度使时溥，且随时溥部将共同追击黄巢余众，直至泰山狼虎谷，促成起义军的失败和黄巢的牺牲。

现代有人经过研究，提出新的见解，认为尚让其实没有投降，而是坚持到最后，壮烈牺牲。唐朝崔致远《桂苑笔耕集》收录一份作者代高骈撰写的《贺杀黄巢表》，其辞云："得武宁节度使时溥状报：逆贼黄巢、尚让分队并在东北界。于六月十五日行营都将李师悦、陈景瑜等于莱芜县北大灭群凶。至十七日遂被贼将伪仆射林言枭斩黄巢首级，并将徒伴降部下都将李惟政、田球等讫。其黄巢函首，已送行在者。"显见，尚让是在随同黄巢到莱芜县（今山东莱芜东北）后，于中和四年六月间作战牺牲的，并没有投降时溥、追杀黄巢余众的劣迹。

上述两说并出，到底孰是孰非呢？于是，一些学者专家查证史料，对此重新作了一番考证。崔致远中和年间曾在淮南节帅高骈幕中执掌文书奏牍，《贺杀黄巢表》的确是当时人记当时事，消息来自正式文书，又是写在上皇帝表如此严肃的官方文书上，但表中措词并不是没有漏洞，含混可疑之处不少。表文开头明言尚让、黄巢同系“逆贼”，可以释为尚让并未投降。又说尚让与黄巢“分队”行动，意即不在一起。其后记载黄巢战败事甚详，却未提及与黄巢“分队”的尚让下落，仍使人留下疑问。较两《唐书》、《资治通鉴》更早更可靠的史料，如镇压起义军的唐军将领刘汾，在所作《大赦庵记》中曰：“(中和)四年六月，巢围陈州，汾会李克用至，遂去趋汴。克用追及中牟，大破之，(尚)让率众降。汾与李师悦率尚让追剿余众至狼虎谷。巢甥林吉(言)斩巢兄弟妻子首献以降。”《中和四年十一月一日肃州防戍都营田使□□县丞张胜君等状》(敦煌遗书斯二五八九号)也提到：“草贼黄巢被尚让煞(杀)却，于西川进头。”都一致说尚让投降时溥，且又随唐军追杀农民军至狼虎谷。这样看来，“尚让投降说”有过硬史料作支撑，决不是无中生有。退一步说，《贺杀黄巢表》中有关尚让下落的记载，即使解释为尚让抵抗到底而牺牲，也是孤证。

如果尚让投降唐军、背叛起义军事属实，那么他投降后的下落又如何呢？《旧五代史·敬翔传》有一段记载：“巢败，(尚)让携刘(氏)降于时溥。及让诛，时溥纳刘(氏)于妓室。”明言尚让投降于时溥，然后被唐军所杀。于是，宁可在《尚让结局》一文中推测，尚让投降时溥是就近而降，在投靠时溥后，很可能参与了杀害黄巢的罪恶活动。尚让被杀，应当在投降后不久，是时溥所为，可能不是明杀，而是暗害。尚让投降既已世所共知，杀降之事又不光彩，故唐朝统治者自然不会宣扬，这也就造成了史书失载尚让降后的结局。

皮日休结局之谜

晚唐杰出的文学家皮日休，字逸少，又改字袭美，襄阳（今属湖北）人。皮日休于懿宗咸通八年（867）登进士第，曾任太常博士，僖宗广明元年（880）离长安出为毗陵副使。南下途中参加黄巢起义军，并在黄巢攻克唐都称号“大齐”后，任翰林学士。黄巢起义最终失败，皮日休的结局如何，由于史籍记载歧异，长期以来众说纷纭，成了难解的史谜。

有人据宋朝孙光宪《北梦琐言》和钱易《南部新书》等记载，指出皮日休参加黄巢起义军后，黄巢令他作谶词，其词云：“欲知圣人姓，田八二十一。欲知圣人名，果头三屈律。”所谓“田八”“果头”语，实拆黄巢两字。由于黄巢“头丑，掠鬓不尽”，疑皮日休讥讽自己，故一怒之下杀了皮日休。

另有人提出异议，认为皮日休被黄巢所杀的说法难以成立。其理由是：一、《北梦琐言》中另有“皮客死浙中”的记载，同书互相矛盾，使人怀疑黄巢是否真的杀了皮日休。二、《南部新书》中有关谶语的内容，明显套用《太平广记》中山阴老人献给董昌的谣言：“欲识圣人姓，千里草青青。欲知圣人名，日从曰上生。”退一步说，即使皮日休作了谶语，也当在黄巢称帝前，以表示黄巢是真命天子，应时而立，但黄巢称帝前不仅未杀皮日休，称帝后还命他为翰林学士，可见皮日休并无作谶语被祸之事。

还有人相信宋朝陆游《老学庵笔记》引《该闻录》的说法："皮日休陷黄巢，为翰林学士，巢败被诛。"认为皮日休为唐王朝所杀。

更有人主张，黄巢起义军失败后，皮日休逃奔吴越，投靠钱镠，最终客死宿州（今属安徽）。其主要理由是：一、据宋初陶岳《五代史补》记载，杨行密部将田頵领兵围钱塘，曾遣使至钱镠处，钱镠厚待之，在饯行宴会上，罗隐、皮日休也在座，而且皮日休还出酒令讥讽田頵的使者，这个故事是可信的。二、宋朝尹洙所撰《大理寺丞皮子良墓志》，尽管对皮日休参加黄巢起义军的事隐约其辞，但说他"徙籍会稽，及钱氏王其地，遂依之"。这是有道理的。三，考皮日休《题同官县壁》，作于僖宗中和三年（883）三月。其时，黄巢起义军败局已定，皮日休怆然离开长安，至同官县（今陕西铜川北），题词于壁。显见，皮日休并未被黄巢所杀，也未遭唐王朝捕杀。四、清朝光绪《安徽通志》等说："唐皮日休墓在顺河集濉溪北岸，石门尚存，题皮日休墓。"由此得知，皮日休晚年离开钱镠，流寓于宿州，并最终死葬于当地。

以上诸说各执一词，似以皮日休逃奔吴越、客死宿州之说法为较可信。

唐宣宗微时出家之谜

唐宣宗李忱为唐代第十八位皇帝。他性格沉稳，喜读《贞观政要》，勤于政事，悉心纳谏，惠爱民物，在位十三年，开创了较为稳定的大中政局，至唐朝灭亡，为世人思咏，有小太宗的美誉。但是，史传李忱在武宗灭佛期间有出游为僧的经历，故即位后大兴佛寺。对此，学术界进行了探讨，说法并不一致。

唐韦昭度《续皇王宝运录》记载："宣宗即宪皇第四子。自宪皇崩，便合绍位，乃与侄文宗。文宗崩，武皇虑有他谋，乃密令中常侍四人擒宣宗于永巷，幽之数日，沉于宫厕。宦者仇公武愍之，乃奏武宗曰：'前者王子，不宜久于宫厕。诛之。'武宗曰：'唯唯。'仇公武取出，于车中以粪土杂物覆之，将别路归家，密养之。三年后，武皇宫车晏驾，百官奉迎于玉宸殿立之。寻擢仇公武为军容使。"据此资料，唐武宗担心李忱窥谋他的皇位，将他关押起来，宦官仇武设法将李忱藏匿于粪车之中，遂逃遁出宫，流落宫外长达三年之久。

南唐尉迟偓《中朝故事》则记载："宣宗，即宪皇少子也；皇昆，即穆宗也；穆宗，敬宗之后，文宗、武宗相次即位，宣皇皆叔父也。武宗初登极，深忌焉。一日，会鞠于禁苑间，武宗召上，遥睹瞬目于中官。仇士良跃马向前曰：'适有旨，王可下马。'士良命中官舆出军中，奏云：‘落马已不救矣。’寻请为僧，游行江表间。会昌末，中人请还京，遂即位。”按此记载，李忱不仅逃遁出宫，而且隐匿于佛寺之中。

又宋初孙光宪《北梦琐言》亦云：“（李忱）密游外方，或止江南名山，多识高道僧人。”宋普济《五灯会元》则不仅记载了李忱拜齐安为师，而且存录了与黄蘖希运禅师的对话。这种种资料表明，李忱逃逸出宫后，有过出家的经历。

对于李忱出家的寺庙，诸多学者也进行了考证。一些人认为李忱取道江淮后，在浙江盐官镇安国寺当了和尚，拜该寺方丈齐安为师，法号琼俊。此后，唐宣宗李忱当过和尚的故事，在江淮一带广为流传。宋苏轼《北寺悟空禅师塔》诗说：“已将世界等微尘，空里浮花梦里身。岂为龙颜更分别，只应天眼识天人。”宋陈岩肖《庚溪诗话》记载：“唐宣宗微时，以武宗忌之，遁迹为僧。一日游方，遇黄蘖禅师同行。”这些都是唐宣宗出家为僧的证据。

但是，一些学者并不赞同这种说法。岑仲勉通过对司马光《资治通鉴考异》的考证，指出上述宣宗微时出家的记载“皆鄙妄无稽”之谈，这些笔记小说的记载“多不足凭”。如果武宗甚是忌讳李忱，怎能任李忱出宫呢？武宗既然知道李忱当了和尚，“只有明正其罪，岂肯授江陵少尹”。岑先生认为：“大抵武宗毁佛，僧人憎之极深，故不惜为诡说，以遂其诬捏，韦氏等三书保不为僧说所影响也。”尽管如此，岑先生并未考证《五灯会元》所载李忱与黄蘖希运禅师对话的真实性，可见唐宣宗李忱未出家的说法，也不能自圆其说。

时至今日，要真正解开唐宣宗微时出家之谜，看来还需假以时日。

唐朝皇帝为何多服丹药

据统计，唐朝的二十一个皇帝中，竟至少有十一位皇帝是迷恋服食丹药的，其中有昏愚的穆宗、敬宗，但也包括了堪称英主的太宗、宣宗等。为什么明知神仙虚妄仍不吸取先辈教训，为什么贵为天子还甘心以身试之？

过去一般的解释是，追求长生不老，希冀服药成仙。中国古代流传着许多长寿不死的神仙故事，如彭祖因经常服用仙桂、灵芝，活到八百多岁；羿的妻子嫦娥，偷食了西王母的仙药，飞升到月宫……于是，长生不老成为古人不懈追求的目标。但是，求仙得药岂是容易之事？因此，就有了秦始皇遣徐市发数千童男童女入海求仙求药之事。终其一生，始皇孜孜不息地设法与仙人相会，但仍免不了病死沙丘宫的下场。后人知难而退，由海上求药转而致力于炼丹术，即以丹砂、汞、黄金、白银、玉、铅等矿物质，加以雄黄、石胆、砒霜等石药，或再增加一些动植物成分，经过复杂的炼制，合成所谓的“金丹”。人们相信《抱朴子·内篇·仙药》转述《玉经》所言“服金者寿如金，服玉者寿如玉”，即使不能长生成仙，也能延年益寿。

或以为服食丹药主要是受道教的影响。道教修炼讲究内丹和外丹，所谓内丹是修炼自身的精、气、神，而外丹就是烧炼金石成丹药服用。

由于唐朝统治者尊崇道教，支持道士们的炼丹活动，因而外丹术在唐朝达到鼎盛。对皇帝来说，道教的长生术是最有魅力的。秦汉的皇帝受方士影响，认为神仙在海上；魏晋的皇帝在僧侣的教导下，认为欢乐远在彼岸；而唐朝的皇帝却被道士告知，幸福就在人间，通过老君炉的火焰，就能实现长生不老的梦想。于是，一个个皇帝都迷于其中，英明如唐太宗，就第一个成为“仙丹”的牺牲品。

但是，上述理由仍不足以说明唐朝诸帝为什么对丹药会如此“前仆后继”“奋不顾身”。请看：唐太宗服了天竺道士用海外方子炼成的延年之药后，“苦利增剧”，很快就离开了人世，但高宗在位时，并没有停止合药活动，“令广征诸方道术之士，合炼黄白”。唐宪宗找了个道士柳泌专采天台山上草药以合金丹，吃下去后燥益甚，数暴怒，责左右，以至暴卒。他的儿子穆宗即位后杀了柳泌，但没隔多久，又重蹈了父皇的老路，另找了一个叫赵归真的道士，结果又被丹药所害。以后的敬宗、武宗、宣宗等又都重蹈覆辙，先后为丹药所误。难道这些天子都对丹药迷恋到如此程度，甚至不惜“以身试法”吗？

王永平对此提出新说，他认为，唐代诸帝迷恋丹药的原因是相当复杂的，其中一个重要因素是，唐帝室家族中可能遗传着一种病症——“风疾”，醉心于丹药是为了养生治病。

根据史书记载，唐帝室中多人患有风疾。唐高祖自玄武门之变后，被迫退位为太上皇，以恣酒纵欲为事，热极生风，不治而逝，他是帝室中第一个因风疾而死的。其子唐太宗，早年并不信神仙之说，但长期的戎马生涯和激烈的政治、军事斗争极大地损害了他的健康，使他的体质每况愈下，大约在贞观六年（632）之后就得风疾，并“累年不愈”。于是也对服饵养生产生浓厚兴趣，曾诏洞庭山道士胡隐遥入内殿，“问以摄生之道”，后一再服食金石，最终死于丹药中毒。高宗的体质一向较弱，但他早年也不相信神仙，还一再批评过秦皇汉武的求仙活动，认为“果有不死之人，今皆安在”。但他在三十三岁时也得了风疾，随着病情的加重，开始服用丹药，并且“以饵药，令太子监国”。可见，高宗的迷恋服饵，是从治病的角度考虑的。唐顺宗未登基就得了风疾，病情来势凶猛，没来得及注意养生就去世了。穆宗、文宗、宣宗在即位之初都对神仙之说有清醒的认识，杖杀或流放了以丹药迷惑前代君王的道士，但不幸的是，他们先后都染上了风疾，于是，穆宗厚待善治丹的稍复，希望得到灵丹妙药，最后“饵其金石之药”，致使病情加重而死。文宗因风疾一度失语，也服食了郑注合炼的金丹，病情似乎还有所好转，但甘露之变后，精神抑郁，死于风疾复发。而宣宗呢？他一面说：“朕每观前史，见秦皇、汉武为方士所惑，常以之为诫……虽少翁、栾大复生，不能相惑。”一面又遣使迎请当初作为蛊惑武宗的罪魁之一轩辕集，想“冀有少保理也”。虽遭群臣反对，但他仍然服用了医官李玄伯等人调制的丹药，燥渴不已，疽发于背而亡。之所以明知丹药之害而偏要服食，也是因为他早年患过大病，体质差，又“季年风毒”“苦不能食”，故仍然走上求访异人醉心服药的老路。

唐朝诸帝服食的丹药的主要原料有朱砂、雄黄、硫黄、云母、白矾、磁石等成分，的确都有入药治病的功效，但是要十分谨慎，有的还不能火锻或水溶。而道士们的丹药恰恰都经过长时间的冶炼，往往产生巨大的毒性，服之过量，不仅不能减缓疾病，反而促其早死。但是，从唐太宗第一次服饵后“上疾愈”，武则天晚年服丹药“疾小瘳”，文宗服药后“颇有验”的历史记载看，丹药只要炼制得当，服用得当，还是有一定的治病疗疾功效的。因此，才使患有家族病的唐代诸帝，一个个乐此不疲。

风疾是不是唐帝室的家族病？唐代诸帝迷恋药是否为了养生治病？这些都值得进一步研究。

雕版印刷术发明于何时

用笔墨手抄一部图书，要花费很多时间和人力，特别是大部头书，抄写更不容易。自从雕版印刷发明以后，上百部、上千部的书可以由一版印成，书籍的生产量比以往手写本时代大大增加。我国古代图书印刷的主要形式是木版雕印，它的发明是对人类文化发展的重要贡献。那么，我国古代雕版印刷术究竟发明于何时，历来众说纷纭。

一说雕版印刷术始于汉代。《后汉书·张俭传》有“刊章讨捕”的记载，说的是后汉山阳高平人张俭，因反对当时有权势的宦官侯览，而遭到“刊章讨捕”，到处亡命。何谓“刊章讨捕”？元人王幼学《纲目集览》释解道：“刊章两字，以为印行之文，如今板榜。”这是说，“刊章”等于后来通缉犯人的布告。把布告刻板印刷，张贴各地，自然比一张一张的书写要快得多。所以，清人郑机在《师竹斋读书随笔汇编·杂考上·人事》中说：“汉刊章，捕张俭等，……是印版不始于五代。”可是，细考此说，如果后汉已经有了雕版印刷，为什么对以后四五百年再也不发生一点影响呢？显然不合情理。

一说雕版印刷术始于北齐以前。北齐人颜之推在《颜氏家训》中提到“江南书本”一语，日本学者岛田翰认为：“予以为墨版盖昉于六朝……夫书本之为言，乃对墨板而言之也。颜之推北齐人，则北齐时既知雕版矣。”此说也有漏洞，颜之推只说“江南书本”，并未说明是刻本。近人叶德辉指出，如果凡以诸书称本的就算是刻本的证据的话，那么刘向《别录》所谓校雠者一人持“本”，汉章帝赐黄香《淮南子》《孟子》各一“本”，岂不成为雕版印刷创始于两汉的证据了吗？看来岛田翰的理由并不充足。

一说雕版印刷术始于隋朝。明朝陆深首创此说，他据隋代费长房《历代三宝记》“隋开皇十三年十二月八日，敕废像遗经，悉令雕撰”的记载，认为：“敕废像遗经，悉令雕造，此印书之始。”（见《河汾燕闲录》）继其说的清人方以智在《通雅》卷三十一中云：“雕板印书，隋唐有其法，至五代而行，至宋而盛，今则极矣……废像遗经，悉令雕板。”近人孙毓修有《中国雕板源流考》一书，指出：“按费长房《历代三宝记》亦谓隋代已有雕本，是我国雕板托始于隋。”又引罗振玉《鸣沙石室秘录》说，有宋太平兴国五年（980）翻雕隋刻《大隋求陀罗尼》为据。

那么，此说是不是无懈可击呢？现世魏隐儒在《中国古籍印刷史》一书中指出，陆深之说是误将“撰”理解为“造”，其实两字含义不同。至于孙毓修的依据，也是不能成立的。这首“陀罗尼”是在敦煌发现的，法国巴黎国家图书馆和大英博物院都有收藏，上面左有“施主李和顺”一行，右有“王文沼雕版”一行。其标题为《大“随”求陀罗尼》，而非《大“隋”求陀罗尼》，它的全题应是《大随求大自在陀罗尼》。所谓《大随求陀罗尼》，是一个简称，“大随求”意思是“大自在”，为佛教术语，并非指的隋朝。在“王文沼雕板”一行末后还有

“太平兴国五年六月二十五日雕板毕”木记，并无“翻雕”字样。据考证，这本“陀罗尼”是由唐人宝思惟从梵语译出的。既然唐朝才译出，怎能在隋朝就有了雕本呢？由此可知，根据《陀罗尼经》说雕版印刷发明于隋朝，也只是一种揣测。

一说雕版印刷始于唐太宗贞观时期（627—649）。明朝邵经邦在《弘简录·唐长孙皇后传》中提到，唐太宗后长孙氏曾著《女则》。她死后，太宗见而嘉叹：“以后此书足垂后代，令梓行之。”所谓“梓行”，就是雕版印行。唐朝冯贽编的《云仙散录》引《僧园逸录》也说，玄奘去印度取经归国后，曾用纸印普贤菩萨像，每年数量多至五驮。尽管所印佛像没能流传下来，但在敦煌发现的五代印刷品中就有普贤像，可能与玄奘所印施的相类似。考玄奘印施佛像的时间，不会晚于太宗印《女则》九年左右。此外，清朝孟麟《泉布统志》所载唐高宗永徽宝钞也是旁证。永徽（650—655）继贞观后最多六年，当时新发明的雕版印刷不特用来印书，还被统治者用来发行大量纸币。

此说似有一定道理，但理由仍显得不足。今有学者认为，正史记长孙氏著《女则》一事，与《弘简录》基本相同，唯无“令梓行之”数字。且后世并不见《女则》的流传，也不见公私载籍著录，故此书实际上没有“梓行”过。所谓“梓行”一词，是明代以后才有的对于刊梓印书的俗称，很可能是邵氏加上去的。冯贽其人子虚乌有，《云仙散录》系出自宋人王铚的杜撰，包括《僧园逸录》在内的引书名，也几乎是作者的假造。因此，所谓玄奘印施佛像的说法，并不能成立。《泉布统志》也属伪书，根本不存在“永徽宝钞”。唐代没有发行过任何一种可流通的纸币，更不会有“宝钞”的出现，故用这条史料来证明雕版印刷发明于唐太宗贞观时，不足为据。

一说雕版印刷始于唐中晚期。《旧唐书·文宗纪》云：大和九年（835）十二月，“敕诸道府，不得私置历日板”。唐人柳玭在《柳氏家训》序中云：“中和三年（883）癸卯夏，銮舆在蜀之三年也。余为中书舍人，旬休，阅书于重城之东南，其书多阴阳、杂记、占梦、相宅、九宫五纬之流，又有字书、小学，率雕板印纸，浸染不可尽晓。”近人叶德辉《书林清话》也持此说，认为：“书有刻本，世皆以为始于五代冯道，其实唐僖宗中和年间已有之……吾以为谓雕本始于唐，不独如前所举唐柳玭《训序》，可为确证。”文献资料昭昭可据，晚唐已用雕版印刷术刻书。

考察唐代的刻板印刷物，孙毓修在《中国雕板源流考》里，介绍了世界上第一份宫廷邸报《开元杂报》。经专家鉴定，这是唐玄宗开元时期（713—741）的雕本。清光绪二十五年（1899）在敦煌发现的《金刚经》，题有“咸通九年四月十五日王玠为二亲敬造普施”一行。咸通为唐懿宗的年号，咸通九年即公元 868 年。这是目前世界上最早的有明确年月日期的雕板印刷物。1954 年在四川成都东门外望江楼附近唐墓中，又发现唐成都府成都县龙池坊卞家刻印的《陀罗尼经咒》，上刻古梵文经咒和小佛像，约一尺见方，雕印非常精细，刀法遒劲，墨色浓厚匀称。据专家考证，《陀罗尼经咒》刊刻年代不得早于公元 757 年，不得迟于公元 883 年。显然，根据现存实物说雕版印刷始于唐中叶或晚期，理由较充分。

法门寺秘色瓷之谜

法门寺位于陕西省扶风县的法门镇，始建于东汉、佛教传入中国后不久，初建时名阿育王寺。阿育王是古印度国王，据佛典记载，阿育王在佛祖释迦牟尼涅槃后，将佛骨舍利分送各地，中国有十九处，法门寺塔所藏为第五处。由于法门寺塔藏有佛舍利，又称“真身宝塔”。法门寺因塔而置，有“关中塔庙始祖”美誉。

1981 年，因大雨兼之塔寺原地基下沉有裂缝，塔身西半部倒塌。经专家数年考证探察，并征得有关部门同意，于 1987 年整修法门寺，从而发现塔基地宫，轰动世界的法门寺藏宝被发现。其中，令陶瓷界大开眼界的是秘色瓷。千余年来，对秘色瓷的探究从未停止，然而终因不得要领，以致相见不相识。

秘色瓷一说，最早见于唐代诗人陆龟蒙《秘色越器》诗：“九秋风露越窑开，夺得千峰翠色来；好向中宵盛沆瀣，共嵇中散斗遗杯。”诗中秘色瓷被描绘得如远山秋色一样朦胧美丽。但这一“夺得千峰翠色来”的秘色究竟是什么样子，又烧自什么时代，则众说纷纭。

宋《谈荟》：“吴越时越瓷愈精，谓之秘色，即所谓柴窑也。”明嘉靖《余姚县志》：“秘色瓷，初出上林湖，唐宋时置官监窑，寻废。”总体上看，以往关于秘色瓷的始烧年代，大致有两种说法：一为五代说，依据主要是宋赵德麟《侯鲭录》和曾慥《高斋漫录》提及吴越“秘色瓷，越州烧进，为供奉之物”的记载。此说在法门寺发掘前，基本上在陶瓷界占主流地位。一为晚唐说，这种说法缺乏明确的历史背景、史籍记载和发掘实证，仅以陆龟蒙等诗篇中的“秘色”为依据。随着法门寺地宫文物的出土，这一说法被印证。

法门寺地宫共出土十四件秘色瓷，其中一件八棱长颈瓶出土于地宫后室第四道门内侧的门槛上，“瓶内装有佛教五彩宝珠二十九颗，口上置一颗大的水晶宝珠覆盖”。此瓶造型规整，釉色清亮，是最精彩最具典型性的秘色瓷。另十三件出土于地宫中室，用纸包在一起，《衣物帐》注明为“秘色碗七口，内二口银棱，瓷秘色盘子碟子共六枚”。所谓“银棱”，实际上是裹在碗口与圈足上的一层薄薄的银锡箔。此二碗，因碗壁上贴有五朵金、银箔镂刻的花、鸟纹，显得华贵别致。这十四件瓷大多是青绿色，部分是青灰色和青黄色，也就是越窑司空见惯的基本色调。而且它们除了外观与常见的越窑瓷有点不同外（确切地说比常见越窑瓷花哨了一些，如瓶做成八棱状，盘、碗做成海棠等花式），没有什么新奇、神秘可言！长久以来扑朔迷离的秘色瓷谜案被揭开了，带给世人的失望似乎多于

● 法门寺地宫出土秘色瓷盘

惊喜。毕竟，秘色瓷为人们吟颂了千百年了。太多的溢美之词已经让人们形成了根深蒂固的观念：秘色瓷奇异美丽，不可名状。而今，铁一样的事实就在眼前：秘色瓷并不如人们想象的“色似烟岚”“千峰翠色”那么神圣，它不过就是一般的越窑青瓷。

秘色瓷的秘密被揭开了，但又有了相关的问题。有人根据唐王仁裕《开元天宝遗事》“内库有一酒杯，青色而有纹如乱丝，其薄如纸”，以及茶神陆羽《茶经》“碗，越州上……越瓷类玉……越瓷类冰”等进行推测，认为真正意义上的秘色瓷应是在唐代中期开始烧制了。

关于秘色瓷“秘”之来源，至今在陶瓷界有三种不同见解：其一，即以色（香草色、碧色、稀奇色等）为秘；以供御性质（供奉之物，臣庶不得用）为秘；以越窑瓷与秘色瓷画等号。以上三种观点，皆是在没有任何实物证据下，对秘色之“秘”所作的猜测或阐释。进入21世纪后，又有学者提出，秘色瓷并不是越窑瓷，而是“耀州窑瓷”，其理论依据是在陕西铜川发现了故耀州窑址，但是很快这种观点就被祚振西否定了。祚先生认为，像秘色瓷这种精湛的工艺和特殊支烧方式，在耀州瓷中是找不到的。2003年，冯松林准备采用科学实验的方法，揭开这个千古谜团，经过三年的努力，通过对秘色瓷胎样中锆、钴、铪、铀等元素的测定和实验，得出秘色瓷就是越窑青瓷的观点。但是，冯先生仍无法解释，这种脱胎于青瓷的特殊品种，为何在沉寂了几世纪以后的唐代出现呢？同时，釉的配方又到底是怎样制成的，为何又如此特殊和神秘呢？

法门寺秘色瓷之“谜”，千百年来，从学术界争论到考古学界，再争论到陶瓷界。看来，关于秘色瓷到底有多少“秘处”，还远远没有结论。

● 舍利塔

水墨山水画创始人究竟是谁

运用水晕墨章来描绘自然山川，称为水墨山水画，这是中国传统的绘画形式。然而，它的创始人究竟是谁，长期以来聚讼纷纭，莫衷一是。

一、王维说。此说依据明朝莫是龙《画说》、董其昌《画旨》的说法，又引相传唐朝诗画家王维《山水诀》中“夫画道之中，水墨为最上”一语，以为王维“始用渲淡，一变钩斫之法”，他就是水墨山水画之祖。现代书画鉴定家谢稚柳在《水墨画》一书中，也认为水墨山水画的鼻祖是王维。他说：“从萧绎的《山水松石格》到吴道子的山水变格，水墨画开始在长成。这一变格，在当时有很高的评价。他除在大同殿的《嘉陵江山水》外，又曾在佛寺画过《怪石崩滩》。据唐张彦远《历代名画记》称说它‘若可扪酌’……同时的王维，遵循了吴道子的画派，占领了水墨画的领域，成为水墨山水画的鼻祖。”

二、张璪说。持这种观点的人主张，真正开水墨山水画先河的，应是唐朝画家张璪，王维不是水墨山水画的创始人。其主要理由是：其一，《山水诀》开头虽有“夫画道之中，水墨为最上”语，但并无下文。全篇谈论的是结构章法，而不提水墨山水。所以，以此证明王维是水墨山水画的开山祖，令人怀疑。其二，唐代张彦远在《历代名画记》中，只说王维是画破墨山水的，欣赏其笔迹劲爽，而对王维墨法如何却一字不提，可见王维的成就是用笔，而不是用墨。张彦远见过王维的画，他所作的评价，应当比明朝董其昌等可靠。其三，晚唐五代山水画家荆浩，对王维的水墨山水画并没有特别提及，却对与王维同时代的画家张璪的水墨山水画推崇备至，称赞张璪的画"水晕墨章，兴吾唐之图"，"旷古绝今，未之有也"。由此看来，王维的地位固然很重要，但他的重要性还远赶不上张璪。其四，张璪是江南人，那里湿润多雨，特别是泽国水乡，山色空蒙，给水墨山水画提供了丰富的创

● ［清］朱耷《水墨山水》

作素材，故张璪与水墨山水画结缘，应是有根据的。

三、社会风气说。此说提出另一种不同的看法，认为水墨山水画法是由青绿山水画法逐渐演变而来的，在中晚唐有其广阔的社会背景，并非哪一个画家突然创造的。水墨山水画具有烟润、活泼、秀雅的特点，能够表达各种不同的境界，加上唐朝画家吴道子曾有不注重色彩的“疏体画法”，所以它才能被绘画者采用，画风始由青绿山水画的“富贵气”，转向水墨山水画的“野逸气”。

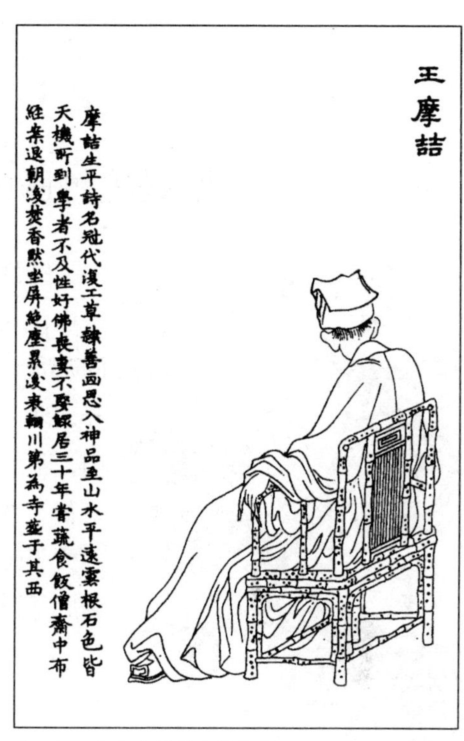

● 王维（《晚笑堂画传》）

谁是墨竹画的始祖

● ［元］柯九思《竹》

墨竹画以竹为对象，以墨为色调，是中国传统绘画流派之一。这种流派的形成，与文人骚客爱竹、吟竹分不开，北宋文豪苏东坡曾说："可使食无肉，不可居无竹。无肉令人瘦，无竹令人俗。"因此，象征虚心高节的竹，自然成了画家挥墨的对象。那么，墨竹画到底是谁创始的，历来歧说多端。

《芥子园画传》曰："山谷（黄庭坚）云，吴道子画竹，不加丹青，已极形似，意墨竹即始于道子。"可见，黄山谷认为，中唐画家吴道子是墨竹画的始祖。

但是，刘光祖《墨竹浅谈》一文，提出不同的观点，认为从黄庭坚的话中，得不出吴道子善画墨竹的结论。其主要理由是：一、《芥子园画谱》所载黄庭坚之语，当出自黄氏本人的《道臻师画墨竹序》，序中说："墨竹出于近世，不知其所师承。初吴道子作画，超其师杨惠之，于山川崖谷、远近形势、虎豹蛇龙，至于虫蛾、草木之四时，日月列星、风雨水火、雷霆之神物，军阵战斗、斩馘奔北之象，运笔作卷，不加丹青，已极形似，故世之精识博物之士，多藏吴生墨本，至俗子乃衒丹青耳。意墨竹之师近出于此。"仔细辨析这段话，黄庭坚是说吴道子运笔作画不加丹青，已极形似，"意墨竹之师近出于此"，仅仅推测而已，实际上他对墨竹画的源流并不清楚。二、黄庭坚有诗谈及吴道子画竹，曰："古今作生竹，能者未十辈，吴生勒枝叶，筌米远不逮。"所谓"吴生勒枝叶"，不能解释为吴道子以墨画枝叶。三、从吴道子留存的墨迹来看，虽有不加丹青的作品，但多为以线画出，如果竹的形象也是以线画出，就不是墨竹了。

其实，早在明代李日华就在《六研斋二笔》中云："世传墨竹始于五代……此臆说也。前是王摩诘已有。"认为唐朝诗画家王维（字摩诘）画山水、竹、花卉、道释肖像等无一不精，他始创墨竹画法，是极有可能的。相传，王维曾画两丛竹于开元寺，枝叶扶疏，纤密不乱，造型极美。苏东坡作诗称赞道："门前两丛竹，雪节贯霜根；交柯乱叶动无数，一一皆可寻其源。"此画宋神宗熙宁年间（1068—1077）尚存，此后逐渐漫灭。西安碑林至今存有后人摹刻的双勾竹碑石，但原作是否墨写，已难断定。

元朝画竹名家张退公在《墨竹记》中，提出另一种看法，他说："夫墨竹者，肇自明皇，后传萧悦。"认为唐玄宗李隆基才是墨竹画

● ［元］李衎《双勾竹石图》

法的创始人。考诸史事，吴道子、王维都是玄宗时期的画家，故李隆基画过墨竹，是完全有可能的。这样看来，所谓“肇自明皇”，可不可以理解为是指一个时代的标记呢？至于张退公提到的萧悦，唐代张彦远《历代名画记》中有记载：“萧悦，协律郎，工竹，一色，有雅趣。”萧悦在唐代也以画竹著名，相传曾送给大诗人白居易一幅竹图，白居易还为此专门写了首《画竹歌》诗，诗中云：“植物之中竹难写，古今虽画无似者。萧郎下笔独逼真，丹青以来唯一人……不根而生从意生，不笋而成由笔成。”由白居易的话可知，萧悦所画是一幅折枝竹画，尽管一色竹不一定就是墨竹，但他以竹为题，独立成画，的确是颇具匠心的。

元朝夏文彦《图绘宝鉴》又出一说，主张墨竹画之始祖应归属五代后蜀的李夫人。李夫人为名家之女，从小酷爱书画。据说，后唐庄宗谋士郭崇韬讨伐后蜀，将她虏作夫人。郁悒不乐的李夫人月夕独坐南轩，月光游移，见纸窗上竹影婆娑多姿，便研墨援笔，在窗纸上摹写竹影。白天看时，竟是别有神韵的一幅墨竹画。此法传开后，就形成墨竹画流派。然而，令人遗憾的是，李夫人的墨竹画未见传世。

上述诸说各有所据，而20世纪70年代初唐章怀太子墓的发掘，使世人见到了墓道壁画中作背景陪衬的墨竹画，推究其成画时间，要比吴道子活动的年代更早。此外，见于文献记载，晚唐画家孙遇（初名位）和张立，也都画过墨竹。这样看来，墨竹画的始祖或许另有所属了。

甘棠港遗址何在

唐末福建观察使、五代十国时闽国的奠基者王审知曾开辟甘棠海港，以招徕外商，开发福建。可是，甘棠港的遗址究竟在福建何处，历来说法不一。

宋朝欧阳修所撰《新五代史》称，甘棠港在黄崎。后世有人据此推断，黄崎应在连江县。

然而，1984年《福建论坛》第五期发表王铁藩《唐末开辟的甘棠港址考》一文，对此提出新解，认为连江黄崎半岛不具备开辟对外贸易港的自然地理条件，《连江县志》也无开辟甘棠港的记载，更没有作为一个商港必须设立的征税机构。所以，甘棠港决不会在连江县黄崎半岛。尽管在连江定海湾出土了宋代沉船遗物，但这可能是过往的国内船舶犯风而遇难，并不能证明甘棠港在连江。

甘棠港的准确遗址，应在福安市下白石，唐时也称黄崎镇。找根据的话，王审知的判官刘山甫是一条重要线索，他曾为甘棠港改建工程的主持人，在其所撰《金溪闲谈》中，最早明确指出，甘棠港改建时间为唐昭宗乾宁五年（898），地点就在黄崎镇。南宋梁克家《淳熙三山志》则进一步说，黄崎镇位于长溪县西一百五十里（即今福安市境内）。此后直至明清，许多地方志都确认甘棠港在今福安市内。从福安地势来看，南部的白马港，即唐末的甘棠港。那里停泊安全，能设镇防卫，十分适合辟为对外贸易港。

甘棠港所在的黄崎镇，应在白马港与白马河交界处，是唐懿宗咸通（860—874）中设置的。据清朝顾祖禹《读史方舆纪要》记载："明嘉靖中，以宁德县之长崎为黄崎镇，而改黄崎为白石巡司。"白石镇原在福安县东北，自巡司移到黄崎后，两地均称白石，故以上下作为区别，黄崎镇因改称下白石。而黄崎镇（下白石）早在咸通年间就置有税课场，到宋代仍然很兴盛，与闽安、水口、海口同列为福州四大镇，政府派官员管理，所征收的商税相当可观。

但是，甘棠港遗址在哪里的问题，并没有由此解决。1985 年《福建论坛》第三期又发表林光衡《甘棠港辨析——与王铁藩同志商榷》一文，仍坚持甘棠港遗址在连江的观点。认为《淳熙三山志》关于甘棠港的记载，值得怀疑。唐末今福安市内陆交通十分闭塞，经济尚未发展，根本不可能为福建对外贸易提供陆上或内河货物集散地的运输条件和外运货物。因此，福安沿海不存在王审知开辟的对外贸易商港。

林光衡主张，唐末王审知开辟的甘棠港，并不是一个对外贸易港或商业港，而仅仅是一条在黄崎镇附近海域中供过往船舶安全航行的水道。由闽江口入海，历史上有三条航道，而经五虎门、定海、黄崎湾出海是主航道，连江定海湾出土的宋代沉船，证实了这一点。所以，唐末王审知开辟的甘棠港道，应在连江县黄崎镇附近的近海之中。

综观上述，说法歧异，是非尚难定断。

《韩熙载夜宴图》之谜

现收藏在北京故宫博物院的绢本设色《韩熙载夜宴图》，是五代画家顾闳中所作的描写贵族韩熙载享乐生活的名画。

韩熙载（902—970），字叔言，潍州北海（今山东潍坊）人，后唐同光进士。父光嗣，被李嗣源所杀，韩熙载遂逃往江南，亡命南唐，历迁史馆修撰、中书舍人。李煜时，他累迁兵部尚书、充铸钱使，官至中书侍郎、光政殿学士承旨。但因国势衰弱、进取无望，又受李煜猜忌，韩熙载乃广蓄声伎，流连于酒色，以避祸端。据说李煜曾想以韩熙载为宰相，但听说他“多好声伎，专为夜饮，虽宾客揉杂，欢呼狂逸，不复拘制”，就命画家周文矩、顾闳中夜赴韩宅作客，“窃窥之，目识心记，图绘以上之”。故此图是韩熙载当时生活的真实写照。

《韩熙载夜宴图》以连续手卷形式分五段，即“听乐”“观舞”“歇息”“清吹”和“散宴”，描绘了韩府夜宴时的情景。各段间以屏风等物相间隔，既各自独立又前后连续，以展示在时间序列中展开的事情。据宋元人记载，图中主要人物都是与韩熙载关系密切的真实人物，既细致地描绘了韩熙载纵情声色的夜生活，又成功地刻画了他郁郁不得志的复杂心情。

《韩熙载夜宴图》问世至今已有一千多年的历史。围绕此画引发了一些争论。

首先，画面五段内容的次序问题。有人从史的角度出发，对画面五段次序问题提出疑问：夜宴过程应该是“听乐”“休息”“观舞”“散乐”和“听乐”，这样就形成了一套完整的宴席过程，即酒足饭饱后，稍事休息，又开始观赏表演，主人韩熙载跃跃欲试，亲自击鼓为歌伎伴奏，一段乐舞之后，客人们暂且告别激昂热烈的舞乐，三三两两开始聊天，韩熙载颇感疲惫，不想加入其间，宴会结束，客人散尽，韩熙载宽衣解带，放松自己。但有人不同意这种观点，认为饮酒、击鼓、休息、听乐正是夜宴会的更迭反复的内容。

第二，此画卷有多少？据记载，以韩熙载夜宴为题材的画，自南唐以来原样传摹或增删改写的很多，部分见诸记录的有周文矩两卷，顾闳中两卷，顾大中一卷（其卷被称为《韩熙载纵乐图》）。到了明末清初，这一题材的画仅存顾闳中的作品了。传说周文矩作品在北宋时已佚，这一点从《宣和画谱》未见著录可以佐证。其他见于著录者，其亡失时间不详。据启功统计，到清初还存在三卷号称顾闳中真迹的《韩熙载夜宴图》：即吴升《大观录》所载有元人赵昇、郑元祐、张再等人跋的一卷；《大观录》、安岐《墨缘汇观》所载有“臣闳中奉敕写进”款和陆游书韩熙载传的一卷。这两卷已下落不明。到目前为止，只有第三卷即现藏故宫的这卷为世人所知。由于没有其他资料可以参照，此卷是宋元著录中的哪一卷已无从考证。从卷前隔水题字的字体看，此卷至少经过南宋人的收藏鉴赏。也有人从隔水题字可能是史浩的笔迹推测，这卷很可能是元人汤垕《画鉴》中载“有史魏王浩题字”

的那一卷。

第三，有人根据画卷第二段女子身后和第四段站在韩熙载面前听吩咐的女子身后两处绢上的裂痕推测，这中间可能缺少了什么。是否如此，有待进一步论证。

第四，有人从图的整体布局由前向后看，认为最末二人的情态举止似乎不应该是这幅画的收尾处，因之推测二人之后也许还应该有什么场面。

第五，此画为顾闳中原作还是宋人摹本。杨仁恺认为此画所用绢精细平整，与文献记载五代“槌如银板”的绘绢相合，画法也与流传至今的五代作品大体相合甚至更为精到，应该是出自顾闳中之手。启功也认为此画“不会是北宋以后的画……就假定说它出自宋人手笔，也必定是临自原本”，并表示“这个创作的底稿是出自亲见韩熙载生活的顾闳中”。

●《韩熙载夜宴图》（第一段）

由上观之，现在只能寄希望于这幅《韩熙载夜宴图》不是韩熙载夜宴题材的唯一存世作品；如果有此类题材作品出现，前述问题就会有明确答案了。

● 《韩熙载夜宴图》（局部）

● 《韩熙载夜宴图》（局部）

唐代男子都“惧内”吗

唐代男子“惧内”就是怕老婆的意思。尽管唐代仍是崇尚男尊女卑的夫权社会，但唐代女性的社会地位是有所提高的，尤其是武则天后的一段时间，女性自由、自信的社会风貌展现得淋漓尽致，由此唐代盛行着一股男子“惧内”之风。然而唐代男子都很怕老婆吗？

唐刘悚《隋唐嘉话》记载：“梁公（房玄龄）夫人至妒，太宗将赐公美人，屡辞不受。帝乃令皇后召夫人，告以媵妾之流，今有常制，且司空年暮，帝欲有所优诏之意。夫人执心不回。帝乃令谓之曰：‘若宁不妒而生，宁妒而死？’曰：‘妾宁妒而死。’乃遣酌卮酒与之，曰：‘若然，可饮此鸩。’一举便尽，无所留难。帝曰：‘我尚畏见，何况于玄龄！’”其实唐太宗让房玄龄夫人喝的并不是毒酒，而是一杯醋，“吃醋”的典故就源于此。

唐张鷟《朝野佥载》则记载了桂阳令阮嵩因“惧内”而丢官的故事。其云：“唐贞观中，桂阳令阮嵩妻阎氏极妒。嵩在厅会客饮，召女奴歌，阎披发跣足袒臂，拔刀至席，诸客惊散。嵩伏床下，女奴狼狈而奔。刺史崔邈为嵩作考词云：‘妇强夫弱，内刚外柔。一妻不能禁止，百姓如何整肃？妻既礼教不修，夫又精神何在？考下。省符解见任。’”

关于唐代男子“惧内”的故事五花八门，给人的感觉就是唐代男子“惧内”现象较为普遍。不少学者针对这些记载，认为唐代男子“惧内”是一种社会风气，并探讨了其产生的原因，主要归为三点：首先，安史之乱以前，社会风气比较开放，妇女的社会地位也比较高，尤其是在贵族中，夫妻地位往往相差无几，甚至妻子高于丈夫。唐人婚姻注重门当户对，即“良贱不婚”“贵贱不婚”等婚姻观念。高门出身的女性都是金枝玉叶，养成了骄横跋扈、傲慢自恋的心态。其次，丈夫“惧内”往往与妻子本身的气质、才情息息相关。唐代上流社会的女子自幼读书习画，甚至骑马射箭，接受了几乎与男性相同的教育。这样的社会风气造就了一大批既有较高文化素养，又有独立性格的女性。最后，从男子自身的角度看，在男女地位相当的情况下，男性的纳妾狎妓，从心理上讲有理亏之处。当然，有些男子自身性格懦弱，也是“惧内”的因素之一。

也有一些学者持反对意见，他们认为唐人“惧内”现象只是一种少数现象，并不是普遍的社会现象。唐代依然是崇尚男尊女卑的夫权社会，女性也须遵照儒家伦理道德中的“三从四德”“三纲五常”的道德约束。尽管女性的地位有所提高，但不可能取得与男性平等的社会地位。这一点，可以从科举制度中看出，女性不能参与考试，因此她们是不从事社会工作的。在一种社会性质未发生变化的情况下，这种特例是不能作为一种共性的社会现象的。

到底唐代男子“惧内”是一种特殊现象还是一种普遍风气，至今未有定论，有待于唐史研究者进一步探讨。

花蕊夫人之谜

据史书记载，花蕊夫人善诗赋，喜雅乐，是五代十国时期一位拥有沉鱼落雁之美和闭月羞花之容的传奇女子。然而，五代十国时被称为花蕊夫人者有三人，且记载大多较为相近。花蕊夫人扑朔迷离的身份，历来成为学术界一个难以言清的谜团。

据宋蔡絛《铁围山丛谈》记载，花蕊夫人是十国时前蜀主王建的嫔妃，徐姓，深受蜀主宠幸。起初被封为淑妃，人称“小徐妃”，号花蕊夫人。王建之子王衍即位后，晋封徐妃为顺圣太后。前蜀被后唐灭亡后，花蕊夫人被杀于长安秦川驿。《宫词》系她游乐宣华宫时所作，辞藻华丽，为时人所诵。

而《全唐词》则记载：“花蕊夫人，徐氏，一作费氏，青城人。工词，以才色入蜀宫，蜀主孟昶嬖之，号花蕊夫人，又升号慧妃。国亡，入宋。”她曾作《采桑子》词，云：“初离蜀道心将碎，离恨绵绵。春日如年，马上时时闻杜鹃。”描述了蜀亡入宋后的思国情愫。

清赵翼《陔余丛考》又认为，花蕊夫人是南唐后主李煜的妃子，闽人，雅好诗赋。南唐亡后，她被俘入宋，后被杀，人称小花蕊。

上述有关花蕊夫人的三则记载较为相近，都有较高的文学素养，擅长宫词，才貌双绝。那么今日所存之《宫词》到底是哪位花蕊夫人所作？其身份到底是前蜀、后蜀抑或是南唐后主的妃子？

大多数学者认为，五代十国时期的花蕊夫人其实只有一位，即后蜀孟昶的妃子。陶宗仪《南村辍耕录》认为：“蜀主孟昶纳徐匡璋女，拜贵妃，别号花蕊夫人。意花不足拟其色，似花蕊之翾轻也。或以为姓费氏，则误矣。”这个观点得到了很多学者的认可。首先，从时间上看，据吴以宁、顾吉辰《中国后妃制度研究》(唐宋卷）一书，唐代女子入宫为妃一般是在十五岁左右；另据《资治通鉴》记载，前蜀王建于 907 年立国，在位三年，假释花蕊夫人也是十五岁入宫，至 960 年宋太祖建国，花蕊夫人已约六十八岁，而宋太祖时年方三十三岁，从常理推断，宋太祖宠爱大他三十余岁的老太太的可能性，微之甚微。相比之下，孟昶是后蜀第二位君王，于 938 年主政，后蜀亡而入宋。依此推算，花蕊夫人入宋时也就三十七岁左右，与宋太祖年岁相当，更为可信。其次，从《采桑子》词的内容看，所谓“初离蜀道”即反映出了蜀亡而被迫入宋，这与《全唐词》的记载较为相符；而“离恨绵绵”正是对亡国情愫的生动反映。因此，他们坚定地认为，花蕊夫人就是后蜀孟昶的妃子。

但是，一些学者并不赞同上述观点。他们认为花蕊夫人应该是南唐后主李煜的妃子。他们的主要依据有三：一是南唐后主李煜善诗赋词曲，纳一位不仅容貌美丽，而且能诗善赋、多才多艺的女子为妃，实乃绝配。二是南唐亡后，后主李煜被俘入宋，花蕊夫人与其一起入宋，也很正常。后宋太祖见花蕊夫人容貌艳丽而占为己有，对于一个阶下囚而言，这是符合逻辑的。三是从时间上判断，南唐距北宋建立也不过十余年，那个时候花蕊夫人也就二十岁出头，可谓是妙龄，深得宋太祖宠爱也较为可信。

到底花蕊夫人是五代十国时期哪位皇帝的嫔妃？上述诸说，究竟孰是孰非，只能希冀于学者在不久的将来，为我们揭开这个谜团了。